한국학 총서
한국의 교육과
사회이동

한국사회
얼마나 개방적으로
변화하였는가?

1

세대 간 사회이동의 변화

박현준

박영story

이 저서는 2015년 대한민국교육부와
한국학중앙연구원(한국학진흥사업단)의
한국학총서사업의 지원을 받아 수행된 연구임
(AKS－2015－KSS－1230004).

한국의 교육과 사회이동

최근 들어서 한국사회에서의 사회이동에 대한 논란이 확산되고 있다. 많은 사람들은 개인의 노력과 능력에 따라서 직업을 선택할 수 있고 부모 세대와 다른 직업과 지위를 획득할 수 있다고 믿어 왔다. "개천에서 용이 난다"는 말에서 알 수 있듯이, 가난한 집안의 자녀들도 열심히 노력하면 부모세대보다 더 좋은 직업과 높은 사회적 지위를 얻을 수 있다는 믿음이 한국 사회의 오래된 가치관이었다. 그러나 이러한 가치관에 대하여 비판적인 인식도 많다. 자녀의 직업과 지위는 개인적 노력보다는 부모의 학력이나 직업, 재산 등 다양한 가정배경 요인에 더 많은 영향을 받기 때문에, 사회이동 가능성은 더욱 줄어들며 불평등구조는 더욱 고착화된다고 믿는 사람들이 늘어나고 있다. "사회이동의 계층사다리가 사라졌다" 혹은 "사회적 지위향상의 엘리베이터가 고장났다"는 주장은 이러한 의견을 반영한다.

또한 사회이동에 대한 논란이 제기될 때 자주 등장하는 문제는 교육의 사회이동 효과이다. 소수의 집단만이 교육을 받는 전통사회와 달리, 현대 한국사회는 최소한 초·중등학교에서 교육받을 기회를 전 국민에게 동등하게 제공해 왔으며 대학교에 진학할 수 있는 기회도 누구에게나 열려 있다. 많은 사람들은 이러한 교육기회를 활용하여 좋은 일자리를 선택하고 더 높은 사회적 지위를 얻고자 노력하기 때문에, 교육은 현대적 사회계층 이동의 주요 수단으로 인식되어 왔다. 한국사회에서 교육열이 높고 명문대학 진학 욕구가 강한 것은 이러한 사회이동의 순기능적 효과 때문이다. 그러나 다른 한편으로 교육불평등이 심화되면서 교육을 통한 사회이동 가능성이 줄어든다는 주장이 확산되고 있다. 가정배경이나 거주지역에 따라서 더 좋은 교육을 받을 기회가 달라지며, 부모의 학력이나 직업, 재산 정도 등이 자녀의 명문 학교 진학률, 안정적이고 전문적인 직업 선택에 많은 영향을 미친다. 특히 고학력층 청년세대의 실업률이 증가하고 비정규직 고용이 확대됨에 따라서 고등교육이 사회적 지위형성에 미치는 긍정적 효과 혹은 교육을 통한 세대 간 사회이동 가능성에 대한 회의적 시각이 확대되고 있다.

교육과 사회이동은 교육기회 확대와 사회구조 변화를 경험한 많은 국가에서도 주요 관심사항이다. 학자들은 부모·자녀 세대 간 직업지위의 연관성 혹은 교육기회 확대에 따른 사회이동 결과 등을 분석하고 국가·시기별 사회이동의 개방성 혹은 폐쇄성에 대해서 다양한 결론을 제시하였다. 또한 전 세계적으로 사회적 불평등이 심화되면서 이 주제에 대한 관심은 더욱 높아졌으나, 이들의 연구에서도 단일한 결론이 제시되는 것은 아니다.

교육과 사회이동에 대한 학계의 논의를 고려할 때, 한국사회의 사례를 연구하는 작업은 매우 중요한 의미를 갖는다. 주지하다시피 한국의 교육팽창 경험은 다른 나라와 비교해도 예외적인 사례이다. 근대적 교육제도를 도입한 미국이나 유럽의 국가뿐만 아니라 동아시아 신흥공업국도 대부분 교육기회를 확대해 왔으나, 한국은 이러한 국가보다 더 빠른 속도의 교육팽창을 경험한 바 있으며 현재 전 세계에서 고등교육 이수자가 가장 많고 여성의 고학력화 경향이 매우 높은 나라 가운데 하나로 알려져 있다. 또한 이러한 교육팽창은 '고도성장' 혹은 '압축성장'으로 지칭되는 역동적인 사회변동에서 나타난 현상이다. 해방 후 산업화가 낮은 수준에 머물렀던 시기, 중화학공업을 중심으로 하는 고도성장기, 'IMF위기'로 상징되는 경제위기 시기, 세계화와 정보화의 흐름이 본격화된 시기에 이르기까지, 한국은 시기별로 다른 특징을 나타내는 사회경제적 변화를 경험하였으며 교육팽창도 이러한 거시적 변화의 흐름에서 나타났다. 각 시대별로 인구구조, 직업구조, 교육제도, 노동시장 작동방식 등이 복합적으로 변화하면서, 부모세대와 자녀세대의 교육성취 정도가 변화하였고 사회이동의 형태와 가능성도 시기별로 상이하게 나타났다. 따라서 한국의 경험을 구체적으로 설명한다면 사회이동 문제를 종합적으로 이해하고 이 주제에 대한 이론을 정립하는 데 많은 도움이 될 것이다.

한국사회의 전반적인 사회이동 가능성과 교육의 사회이동 효과 등에 대해서는 많은 의문이 제기된다. 한국의 사회이동이 역사적으로 어떻게 변화하였으며, 최근 들어서 사회이동 가능성이 축소되었는가? 교육기회가 팽창되는 상황에서, 고등교육 제도의 확대는 교육불평등을 완화시켰는가 아니면 강화시켰는가? 부모의 사회경제적 배경이 고등교육에 미치는 영향력은 어느 정도인가? 교육이 직업이나 임금 등 노동시장 성과에 미치는 영향은 고학력화 되는 한국사회에서 어떻게 달라져 왔는가? 교육기회 확대는 남성과 여성에서 어떻게 상이하게 나타나는가? 여성의 고학력화는 여성의 노동시장 지위와 사회진출, 결혼 등에 어떤 영향을 미치는가?

이 연구총서는 국내외에서 활동하는 사회학자와 교육학자 5인이 교육과 사회이동을 주제로 3년간 공동 연구한 결과이다. 연구진들은 한국과 미국에서 사회이동, 교육불평등, 사회계급, 노동시장 등을 오랫동안 연구하고, 다양한 학술모임에서 교류하면서 최근 한국사회의 경험에 대하여 논의해 왔다. '한국의 교육과 사회이동'에 관한 체계적인 연구가 필요하다는 공감대를 형성하고 한국학중앙연구원으로부터 3년간

(2015년 12월부터 2018년 11월까지) 연구비를 지원 받아 세부 주제별 실증분석을 실시하였다.

본 연구팀은 '부모 계급, 자녀 학력, 자녀계급'의 삼각형 연구모형을 활용하여 한국 사회이동의 세 가지 경로를 분석하였다. 이른바 OED로 지칭되는 이 연구모형은 학계 전문가들이 세대 간 사회이동을 연구하는데 일반적으로 활용하는 분석틀로서, 부모계급(Origin)과 자녀계급(Destination)의 연관성, 부모계급(Origin)이 자녀교육(Education)에 미치는 효과, 자녀 교육(Education)이 자녀계급(Destination)에 미치는 효과를 구체적으로 설명하는 데 유용하다. 또한 연구팀은 교육과 사회이동이 성별로 상이하다고 가정하고, 여성의 고학력화 경향과 사회이동을 별도로 분석하였다.

《한국학총서》 4권은 이러한 삼각형 모형에 따른 연구결과이다. 1권은 "세대 간 사회이동 변화", 2권은 "부모의 사회경제적 지위와 자녀의 교육 결과", 3권은 "교육 프리미엄", 4권은 "교육, 젠더와 사회이동"을 주제로 한다. 독자들이 4권 주제의 연관성을 고려하여 읽는다면, 한국의 교육과 사회이동에 대한 전체적인 논지를 파악하는 데 도움이 될 것이다. 각 권의 내용을 간략히 소개하면 다음과 같다.

1권("세대 간 사회이동 변화")은 부모의 계급이 자녀의 계급 성취에 미치는 영향을 시기별로 분석하고, '한국 사회가 사회이동의 관점에서 얼마나 개방적으로 변화하였는가?'를 설명하였다. 사회이동과 관련하여 절대적 이동(absolute mobility)과 상대적(relative mobility) 이동을 개념적으로 구분하고, 사회조사자료를 기초로 한국사회의 세대 간 사회이동 추이를 실증적으로 분석하였으며, 국내외 세대 간 사회이동 현실을 비교하였다.

2권("부모의 사회경제적 지위와 자녀의 교육 결과")은 지난 반세기 한국 사회에서 부모의 사회 경제적 지위가 자녀의 교육 결과에 미치는 영향이 어떻게 변화되어 왔는지 실증적으로 분석하였다. 계층 이동에 있어 교육의 역할에 대한 사회학적 이론을 검토하고, 한국 사회의 교육기회 확대 과정과 교육제도 변화를 고찰하였다. 교육과 사회계층이동 조사, 인구총조사, 국제학생학업성취도평가 등 다양한 자료를 활용하여 양적 측면과 질적 측면에서의 교육 불평등 변화 양상을 분석하였다.

3권("교육 프리미엄")은 개인의 교육성취가 임금과 직업 등 노동시장 성과에 미치는 영향을 규명하였다. 교육과 노동시장에 대한 국내외 이론을 검토하고 한국사회의 교육과 임금·직업 등 노동시장 성취에 대한 실증적 연구를 수행하였다. 다양한 사회조사 원자료를 활용하여, 한국사회에서 학력과 노동시장의 연관성, 특히 고학력층의 노동시장 성과를 분석하고 연령집단 혹은 성별로 비교하였다.

4권("교육, 젠더와 사회이동")은 한국사회에서 교육과 계층화 과정의 성별 차이를 설명하였다. 교육제도 변화가 교육성취, 임금 및 사회이동에 미친 효과를 성별로 구분하여 연구할 필요성을 설명하고, 가부장제 사회에서 성별에 따른 교육과 사회이동의 연관성을 이론적으로 정리하였다. 특히 여성의 경우, 교육을 통한 사회이동은 직업을 통한 사회이동과 결혼(남편)을 매개로 한 사회경제적 지위획득 두 가지로 나타난다는 점을 설명하였다.

현재의 연구결과를 사회이동의 삼각형 모형으로 종합 정리하면, 한국의 사회이동이 시기·연령별로 크게 다른 경향을 보인다고 주장하기 어렵다. 사회이동의 첫 번째 경로인 부모세대(Origin)와 자녀세대(Destination)의 계급 연관성은 약화되었다. 절대적 이동은 산업 및 직업구조 변화의 지체로 인하여 더 이상 크게 늘지 않지만(상승이동은 줄어들고 하강이동은 늘어남), 상대적 이동은 오히려 더 활발해졌다. 다시 말해 한국 사회의 개방성이 더 늘어난 것이다. 또한 '학력'을 기준으로 할 때, 가정배경(Origin)이 자녀의 교육(Education)에 미치는 효과가 예전보다 더욱 강화되었거나 이러한 학력의 노동시장 효과가 변화되었다고 단정하기도 어렵다. 대학이라는 고학력이 임금수준과 직업획득에 미치는 효과도 일시적인 변화가 있음에도 불구하고 전반적으로 지속되고 있다. 그리고 대학졸업자 등 고학력층의 노동시장 성과도 크게 변화하였다는 실증적 증거를 찾기 어렵다.

그러나 이러한 사회이동 경향이 앞으로도 지속될 것이라고 단정하기 어렵다. 거시적인 관점에서 볼 때, 한국의 사회이동이 일정한 패턴을 유지해왔던 것은 교육과 노동시장이 긴밀하게 연계되었기 때문이다. 교육제도 변화에 따라서 대학졸업자 등 고학력층은 양적으로 빠르게 늘어났으며, 동시에 전문·관리·사무직 등이 확대되면서 노동시장에서의 상층이동 기회도 증가하였다. 교육팽창과 노동시장 확대가 비교적 긴밀하게 연계되면서, 학교졸업자들의 노동시장 이전(transition from school to work)은 안정적으로 지속되었다. 그러나 1997년의 경제위기 이후 교육과 노동시장의 연계성은 약화되고 있다. 고학력화 경향은 더욱 강화되지만, 노동시장은 안정적 일자리와 불안정한 일자리로 분화되고 있다. 고학력층은 학교졸업 후 선배세대와 마찬가지로 고학력에 맞는 일자리를 찾고 있으나, 노동시장은 과거와 같이 충분한 기회를 제공하지 못한다.

이러한 변화는 이 연구에서도 부분적으로 나타난다. 한국사회에서 상대적 사회이동은 증가하였으나, 최근에는 경제여건 변화에 따라서 사회계층구조의 상층부에 해당하는 일자리가 줄어들어 절대적 사회이동이 감소하는 경향을 보인다. 최근 들어서 많은 사람들이 사회이동이 줄어들고 더 나아가 불평등이 심화되었다고 인식하는 것은 이러한 절대적 사회이동감소 현상을 반영한 것이다.

또한 교육성과를 학력이 아니라 '학업성취' 개념으로 해석하면, 가정배경의 효과는 최근에 좀 더 명확히 나타났다. 노동시장에서의 고학력층 일자리구조가 분절화되면서 단순히 대학졸업생이라는 '학력'이 아니라 명문대학 입학 혹은 전문직 진출이 용이한 전공 졸업자가 더욱 중요해지고, 이를 위해서는 초·중고등학교 단계의 '학업성취'를 위한 경쟁이 더욱 치열해졌다. 따라서 가정배경 요인이 자녀의 학력보다는 사교육 및 학업성취도에 미치는 영향이 최근 들어서 명확히 나타나고 있으며, 이러한 점이 한국사회의 교육불평등 현실로서 자주 언급되고 있다.

그러나 불행하게도 최근 교육불평등의 사회이동 효과에 대해서는 실증적인 분석이 쉽지 않다. 가정배경의 학업성취도 효과가 명확한 집단은 수월성교육을 강조하던 1990년대 중반기 이후에 태어나거나 중·고등학교를 다닌 젊은 연령층이다. 이 연령층 가운데 많은 사람들은 아직 노동시장에 본격적으로 진입하지 않았다. 일부는 아직 대학을 졸업할 만한 연령이 아니며, 20대 중반의 연령층도 졸업을 미루고 스펙 쌓기에 집중하거나 공무원시험을 준비하고 있다. 따라서 가정배경별로 학업성취도가 달라지는 20대 연령층이 노동시장에서 차지하는 계급지위(Destination)를 실증적으로 확인하는 작업은 현재로서는 불가능하다. 이러한 연구는 앞으로 학업성취도 혹은 대학 등 고등교육기관의 종류 등을 정확히 파악할 수 있는 장기 시계열적 자료를 확보할 때 본격적으로 시작할 수 있다.

이 과제의 일부 연구성과는 국내외 학술대회자료집과 학술지에 게재된 바 있다. 4권의 연구주제를 3년간 연구하면서 연도별로 세부 주제를 분석하였고, 일부 연구 결과를 『한국사회학』 혹은 『교육학연구』에 논문으로 게재하였다. 또한 국제사회학회(International Sociological Association)의 학술대회 혹은 사회불평등 국제심포지엄에서 연구결과를 발표하면서, 한국의 경험을 국내외 전문가들과 토론한 바 있다. 이 연구총서는 이러한 연구과정 및 성과 등을 토대로 작성된 결과물이다. 이러한 연구를 재정적으로 지원해 준 한국학중앙연구원, 그리고 3년의 연구기간에 훌륭한 연구조교 활동을 수행했던 공주박사와 연구결과에 대하여 귀중한 조언을 해 주었던 모든 분들에게 감사드린다.

이 연구총서가 교육과 사회이동에 대한 학문적 연구와 사회적 인식 형성에 활용되기를 희망한다. 교육문제에 대한 관심이 높은 한국사회에서, 국내외 학자들이 이 연구결과를 비판적으로 검토하고 학문적으로 발전시키는 계기가 되기를 기대한다. 또한 한국의 교육과 사회이동 경험을 객관적으로 이해하고 교육과 노동시장에서의 불평등 문제에 대한 생산적인 담론을 형성하는 데 도움이 되기를 바란다.

2020년 11월 25일

저자 일동

서 문

사회학과 대학원생 시절 프랑스 사회학자 부르디외(Bourdieu)의 교육과 사회이동 연구에 흥미를 느껴 한국의 세대 간 사회이동을 석사 논문의 주제로 정한 이후 세대 간 사회이동은 나에게 중요한 화두였다. 세대 간 사회이동은 전 세대와 비교해서 현 세대의 계급·계층 위치는 어떻게 다른가 하는 문제로 한 사회의 기회 구조가 얼마나 개방적인지 혹은 폐쇄적인지 드러내준다. 한국의 기회 구조는 다른 국가와 비교해서 얼마나 개방적인가? 급격한 산업화와 교육 팽창을 겪은 한국 사회의 기회 구조는 계속해서 개방적이었을까 아니면 반대로 더 폐쇄적이었을까? 이런 질문은 비단 사회학자들뿐만 아니라 언론과 일반 대중들의 큰 관심거리이기도 하다. 지난 수십 년간 한국 사회의 발전과 변화를 돌아볼 때 교육을 통한 계급·계층 상승 이동의 꿈은 많은 한국인들의 노력과 인내의 원천이 되어왔음을 부정하기 어렵다. 대학 졸업장이 가져다 줄 중산층 진입이라는 코리안 드림은 교육을 둘러싼 수많은 스토리텔링과 함께 역동적인 한국을 가능하게 한 비밀 아닌 비밀이었다. 가방끈이 짧았고 대부분 농민이었던 부모 세대와는 달리 대학을 졸업하고 화이트칼라 직업을 가지게 된 자녀들은 그만큼 코리안 드림에 가까워질 수 있었다. 그런데 최근 들어 그런 코리안 드림에 문제가 생긴 듯하다. 이제 그렇게 코리안 드림을 이룬 세대가 나이를 먹고 직장 내에서 시니어가 되자 그들의 자녀들은 자신들의 부모가 도달했던 계급·계층을 넘어서 더 높이 올라가기가 어렵게 된 모양이다. 대부분의 부모들이 농민이었던 경우 부모 세대의 계급·계층을 넘어서기가 수월했지만, 화이트칼라층의 정점을 차지하게 된 세대의 자녀들은 자신들의 부모가 이룩한 세계를 그만큼 넘어서기 어렵게 되었다. '세대 간 사회이동의 사다리가 사라졌다', '더 이상 개천에서 용이 나오지 않는다'는 인식은 코리안 드림을 근본에서부터 뒤흔들고 있다. 그러나 한국 사회는 과연 얼마나 '평등한' 사회로부터 멀어진 걸까? 세대 간 사회이동이 얼마나 어려워진 걸까? 이 책은 이 질문에서 시작한다.

세대 간 사회이동이 어려워지고 있다는 근래의 언론 기사나 학계의 논의들을 다시 검토하려는 근본적인 이유는 이런 주장이 사회학 내 사회계층론 분야의 수많은 사회학자들이 오랫동안 제시해 온 경험적 근거와 배치되기 때문이다. 사회학 연구 결과가 반드시 옳다고 주장하려는 게 아니다. 다만, 여러 국가에서 다른 시기에 이루어진 많은 연구들이 세대 간 사회이동은 쉽사리 변하지 않는다던지 혹은 세대 간 사회이동이 오히려 증가한다고 밝힐 때 왜 유독 한국 사회에서는 세대 간 사회이동이 어려워졌는지 궁금증이 생긴다. 이 퍼즐을 풀기 위해 사회학자들이 개발한 세대 간 사회이동 분석 도구를 가지고 지난 30년간 한국 사회에서 실제로 세대 간 사회이동이 어떻게 변했는지 살펴보는 것이 이 책의 기본적인 목표이다. 이 과정에서 강조하고 싶은 것은 세대 간 계급·계층 이동을 분석하면서 절대적 이동과 상대적 이동을 구분해야 한다는 것이다. 사회학자들이 세대 간 사회이동을 분석하면서 개발한 가장 중요한 개념적 장치 중의 하나는 바로 절대적 이동과 상대적 이동의 구분이다. 현재 한국 사회에서 이야기되고 있는 세대 간 사회이동 논의들의 대부분은 절대적 이동과 상대적 이동을 구분하지 못한다. 흔히 듣는 세대 간 사회이동이 더 어려워지고 있다든지 계급·계층 상승 이동의 사다리가 없어졌다는 주장들은 주로 절대적 이동을 가리킨다. 반면에 한 사회가 얼마나 개방적인지 혹은 기회 구조가 얼마나 평등한지의 문제는 상대적 이동과 관련된다. 따라서 한국 사회에서 최근에 세대 간 사회이동이 어려워지고 있다는 인식은 실제로 한국 사회의 기회 구조가 더 폐쇄적으로 변하지 않았어도 가능하다. 절대적 이동은 직업구조나 계급구조의 변화에 의해 영향을 받기 때문에 그 자체로는 한 사회가 더 개방적이 되었는지 아니면 폐쇄적이 되었는지 말해주지 못한다. 한마디로 말하면, 절대적 이동은 이전 세대에 비해 현재 세대에 피자의 크기가 얼마나 커졌는지 혹은 작아졌는지의 문제이다. 반면에 상대적 이동은 그렇게 커진 (혹은 작아진) 피자를 어떤 계급 출신들이 어떻게 나누는지에 관한 문제로 기회 구조의 평등 정도를 보여준다. 피자가 커졌다고 해서 피자를 나누었던 근본적인 원칙이(즉, 기회 구조가) 반드시 변하는 것은 아니다.

분명히 말하지만 예전에 비해 피자 크기가 줄었다면 그 또한 심각한 문제임은 분명하다. 이전 세대에 비해 현재 세대가 소위 상층 직업이라 할 수 있는 전문직·관리직에 도달하기가 점점 더 어려워진다면 이 문제의 원인과 결과에 관한 심도 있는 사회적 논의가 있어야 함은 당연하다. 하지만 이 자체로 사회가 더 폐쇄적이 되어간다고 주장할 수는 없다. 왜냐하면 피자의 크기 문제는 교육 체계나 직업구조, 경제 발전 같은 요소에 의해 결정되는 것으로 피자를 어떻게 나누는가 하는 불평등의 문제가 아니기 때문이다. 따라서 점점 더 어려워지고 있는 절대적 이동을 늘리는 방법 역시 불평등을 해소하는 문제가 아니다. 어찌 해서 다시 절대적 이동이 늘어난다고 해도 불평등이 줄어드는 것이 아니다. 불평등은 분배의 원칙에 관한 문제로 상층 계급·계층 출신들이 하층 계급·계층으로 하강 이동하지 않고 상층 계급·계층에 머무는 정도가 하층 계급·계층 출신들이 하층 계급·계층에 머물지 않고 상층 계급·계층으로 상승 이동하는 정도에 비해 얼마나 다른지의 문제이다. 두 개의 출신 계급과 두 개의 도달 계급 간의 총 네 개의 집단을 동시에 분석하는 문제이다.

세대 간 사회이동을 이해하는 데 있어서 절대적 이동과 상대적 이동을 구분하는 것이 첫걸음임을 강조하고 나서, 이 책은 실제로 절대적 이동과 상대적 이동을 따로 분석할 수 있는 방법론을 소개한다. 나아가 그런 방법론을 직접 적용해 한국의 절대적 이동과 상대적 이동이 총 일곱 개의 출생 코호트(1950–54, 1955–59, 1960–64, 1965–69, 1970–74, 1975–79, 1980–84년 출생자들) 간에 어떻게 변해왔는지 살핀다. 한국 여성들의 경우 전반적으로 노동시장 참여율이 낮고 이는 직업과 노동시장에서의 사회적 관계에 근거를 둔 계급 구성 문제를 복잡하게 한다. 아울러 여성의 경우 결혼과 출산을 둘러싼 노동시장 참여의 문제가 남성의 경우보다 복잡한 점을 감안해서 이 책은 남성들의 세대 간 이동만을 살핀다. 이 책의 경험 연구 부분에서는 저자가 정인관 교수와 공저로 발표한 연구 논문(Chung & Park, 2019)에서 보여주고 있는 결과들을 소개하며 나아가 몇 가지 새로운 분석을 덧붙인다. 새로 시도된 분석들은 정인관·박현준(2019) 논문의 결론을 지지해준다. 독자들은 이 책을 통해서 지난 30년간 한국 사회에서 상대적 이동은 더 어려워지지 않았고 오히려 더 활발해졌다는 것을 알게 될 것이다. 세대 간 사회이동이 더 어려워지고 있는 인식은 상대적 이동이 증가한(다시 말해, 기회 구조의 불평등이 줄어든) 경험적 추세와 일치하지 않는다. 적어도 1950–1984년 사이에 태어난 남성들을 전제로 할 때 한국 사회는 기회 구조가 더 평등해지는 쪽으로 움직여왔다. 이런 연구 결과는 근래에 다른 사회를 대상으로 한 사회학 연구 결과들과도 대체로 일치한다.

세대 간 사회이동이 더 어려워지고 있다는 인식은 아마도 절대적 이동 추세 때문이 아닐까 싶다. 직업 구조의 변화가 점점 더디어지면서 지금까지 계속되었던 상승 이동이 더디어지고 하강 이동이 늘어난 절대적 이동 추세는 현재 많이 이야기되는 논의와 전반적으로 일치한다.

계속 강조하지만 이런 절대적 이동 추세는 기회 구조의 불평등 추세를 말해주지 않고 직업구조 혹은 계급구조가 어떻게 변했는지에 의해 영향을 받는다. 하지만, 이러한 절대적 이동 추세 역시 농민을 제외하고 나면 다른 이야기가 된다. 1950년대와 1960년대에 태어난 한국 남성들의 경우 농민을 아버지로 둔 경우가 많았고 이는 자연스럽게 상승 이동을 높일 수 있었다. 따라서 농민 출신이거나 자신이 농민인 아들들을 제외하고 분석하면 1950년대와 1960년대에 태어난 아들들의 경우 농민을 포함했을 때보다 상승 이동이 줄어들게 된다. 결국 농민을 제외하면 총 일곱 개 출생 코호트에 걸쳐 상승 이동이 계속해서 증가해 온 추세를 발견할 수 있다. 농민을 제외할 때 반대로 하강 이동은 1950년대와 1960년대에 출생한 아들들의 경우 오히려 늘게 되어 농민을 포함했을 때 일곱 개 코호트에 걸쳐 하강 이동이 계속해서 늘어난 추세가 더 이상 존재하지 않게 된다. 즉, 농민 출신이 지배적이었던 1950년대와 1960년대 코호트의 경우 상승 이동이 많고 하강 이동이 적을 수밖에 없어서 당시에 세대 간 사회이동이 활발했었다는 인상이 생기게 된 건 아닌가 싶다. 요사이 세대 간 사회이동이 줄었다는 인식은 농민 출신이 많았던 1950년대와 1960년대 코호트의 사회이동 정도에 대한 과장된 인식에 기반을 둔 것일 수도 있다.

책을 끝내고 보니 결과적으로 해답보다는 질문을 더 많이 남긴 책이 되어 버렸다는 걱정이 든다. (농민을 포함했을 때) 절대적 이동은 왜 최근 코호트에 와서 더 이상 늘지 못하게 되었을까? 이런 추세가 사실이라면 절대적 이동을 늘리기 위해서는 어떤 정책적 노력이 필요할까? 절대적 이동이 불평등의 문제를 말하지는 않지만 사람들은 자신의 부모 세대가 도달한 계급·계층보다 높은 위치에 도달할 수 있는지 여부를 말하는 절대적 이동에 더 민감할 수 있다. 부모들의 입장에서는 내 자식들이 나보다 얼마나 더 높은 계급·계층에 도달할 수 있을까 하는 질문이 사회이동과 관련해서 가장 중요한 질문일 수 있다. 1970년대나

1980년대처럼 급속한 경제 발전을 이루기 어려운 현재에 어떻게 하면 상승 이동이 계속될 수 있을까? 나아가 이 책에서는 1980－84년 코호트가 가장 최근 코호트였지만, 그 이후 코호트가 나이 30세를 넘어 안정적인 직업을 가지게 되었을 때 그들의 상대적 이동은 1980－84년 코호트나 그 이전 코호트에 비해 계속 더 활발할 수 있을까? 다시 말해, 1980－84년 코호트까지 지속된 기회 구조 불평등의 약화라는 추세가 1985년 이후에 출생한 한국 남성들에게서도 나타날까? 여전히 국가 비교 관점에서 보면 한국 여성들의 노동시장 참여율이 낮지만 계속해서 증가해온 점을 감안하면 이제 한국 여성들의 세대 간 사회이동 추세를 제대로 분석할 수 있는 시점이 되었다. 한국 여성들은 어떤 추세를 보여줄까? 이 책에서 이런 질문들에 대한 답을 제시할 수는 없었지만 발간을 계기로 이런 문제에 대한 논의가 활발해졌으면 하는 바람을 가져본다.

이 책은 한국학중앙연구원으로부터 연구비를 지원 받은 "한국의 교육과 사회이동" 프로젝트의 일부분이다. 3년간 같이 연구하면서 많은 토론을 함께 할 수 있었던 연구진 선생님들과(김창환, 변수용, 신광영, 이성균 교수) 특히 연구진들이 연구를 수행하는 데 큰 도움을 주신 공주 박사께 감사드린다. 이 책의 핵심 내용을 발표할 때 계봉오 교수와 김영미 교수께서 조언을 많이 주셨다. 이 책의 주요 분석 결과를 제공하는 논문(Chung & Park, 2019)을 공저한 정인관 교수에게 특별한 감사의 말씀을 전한다. 특히 논문에서 사용된 자료에 새로운 변수를 추가해주는 수고를 해주셔서 이 책에서 몇 가지 새로운(특히, 직업 지위 점수를 이용한) 분석을 시도할 수 있었다. 원고를 읽고 글의 방향과 내용에 대해 여러 가지 조언을 해준 임영신 학생에게 감사드린다.

박 현 준

목 차

CHAPTER

01

서 론

CHAPTER 01

서 론

CHAPTER 01

서 론

1. 세대 간 사회이동과 대물림

가난한 집안에서 태어나서 과외도 받지 못했지만 교과서만으로 혼자서(물론 가끔 진정한 '실력'을 알아봐주는 은사님의 도움이 있기도 했지만) 열심히 공부해서 SKY 대학을 졸업하고 사람들이 부러워하는 '일등' 직장에서 성공을 거두거나 각종 고시를 패스해서 고위공무원, 판사·검사·변호사가 된 사람들의 '성공' 이야기. 1960년대부터 1990년대 중반까지 세계에서 유례를 찾기 힘들 정도로 빠른 경제 성장을 이룬 한국사회에서는 특히 '가난한' 농촌 출신들의 교육을 통한 성공 신화가 많이 알려져 있다. 미디어와 대중문화 속에서 수없이 재생산되고 확대되어온 '개천에서 용난다'는 스토리텔링은 계급·계층 상승을 위한 개인과 가족의 지난한 노력과 희생을 뒷받침해주는 강력한 정신적 무기가 되었다.

그런데 이 성공 신화가 2000년대 이후에는 잘 먹히지 않는 모양새이다. 1990년대 중반 이후 급속하게 팽창한 대학 교육 덕택에 1980년대~1990년대 출생 세대는 이전 세대보다 훨씬 교육 수준이 높다. 실제로 근래 한국 청년들의 교육 수준은 세계에서 제일 높은 수준이다. 경제개발협력기구(OECD)가 제시한 2015년 자료에 따르면 25－34세 한국 청년들 가운데 (전문대와 4년제 대학을 포함한) 대학 졸업자의 비율이 69%로 OECD 국가들 가운데 제일 높다(따라서 아마도 세계에서 제일 높다고 해도 과언이 아닐 것이다).[1] 조부모 세대까지 갈 필요도 없이 청년들의 부모 세대만 봐도 상대적으로 다른 나라에 비해 교육 수준이 많이 낮았다는 점을 생각하면 한국 사회에서 한 세대만에 얼마나 빠른 교육 팽창이 이루어졌는지 가늠할 수 있다. 앞서 말한 2015년 OECD 자료에 따르면 25－34세 청년들의 부모 세대라고 할 수 있는 55－64세 한국인들 가운데에서는 18%만이 대학을 졸업했다. 부모 세대 대학 졸업율의 OECD 국가 평균은 26%였다. 이처럼 급속하게 이루어진 대학 교육 팽창으로 청년들의 대학 졸업 비율은 이전보다 훨씬 높아졌지만 (심지어 바로 그만큼 늘어난 교육 수준 때문이라는 주장도 있지만) 안정적이고 '양질'의 직장은 같은 속도로 늘지 못해 그만큼 경쟁도 심해지게 되었다. 경쟁과 취업준비로 지친 많은 청년들이 결국 꿈을 포기하게 되고 '88만원 세대', 'N포 세대'가 되었다는 새로운 스토리텔링이 '개천에서 용난다'는 이전의 스토리텔링을 대체하고 있다.

이제는 '개천에서 용이 나기는 어렵다'는 일반인들의 인식을 뒷받침하는 학계의 연구 결과들도 계속 나오고 있다. 이런 연구들은 교육, 직업, 소득, 부에서 이른바 "세대 간 대물림"이 (특히 교육을 통해서) 일어나고 있거나 심지어 확대되고 있음을 강조하고 있다.[2] 세대 간 대물림이란 '돈 많고 많이 배운 부모'를 둔 자식들이, '가난하고 못 배운 부모'를 둔 자식들보다, 교육을 더 많이 받고 전문직이나 관리직에 올라갈 가능성이 더 많으며 나아가 소득과 부를 더 많이 축적하게 되는 현상을 지칭한다. 간단히 말해, 가난한 집 출신 자식들에 비해 부잣집 출신 자식들이 자라서 부자가 될 가능성이 높은 경향을 지칭한다. 물론 예전에는 그런 세대 간 대물림이 전혀 없었다는 말은 아니라 최근에 들어서 그 정도가 더 심해졌다는 주장이 학계 내에서도 자주 들린다.

사회 불평등이 중요한 주제 중의 하나인 사회학 분야에서는 이런 세대 간 대물림을 세대 간 사회이동(social mobility)과 관련해서 분석한다. 세대 간 사회이동은 자식 세대가 부모 세대와 얼마나 다른 사회·경제적 지위를 갖게 되는가 하는 문제이다. 자식들이 부모의 지위와 같은 지위에 도달하게 될 때 세대 간 대물림(혹은 세습)이 일어난 것이며 부모 지위보다 높은 지위에 오르게 될 때 상승 이동을, 그 반대는 하강 이동을 경험한 것이다. 여기서 사회·경제적 지위는 교육, 직업, 소득과 부 같이 사회에서 중요하게 간주되는 사회·경제적 자원을 얼마나 갖고 있는가에 따라 정해지는 사회·경제적 위치(position)를 말하는데 보통 사회학에서는 비슷한 사회적 위치의 사람들을 같이 묶어서 '계급'이나 '계층'으로 일컫기도 한다. 흔히들 말하는 상류층·중류층·하류층의 명명법이나 상층 계급·중층 계급·하층 계급 명명법 등이 모두 사회 구성원들을 사회·경제적 위치에 따라 구분할 때 사용된다. 결국 세대 간 사회이동(혹은 대물림)은 자식 세대와 부모 세대 간의 사회·경제적 위치, 즉, 계급·계층이 얼마나 유사하거나 이질적인지의 문제이다.

부모의 사회·경제적 지위가 자식의 사회·경제적 지위에 영향을 미치지 않았던 시대와 사회를 찾아보기는 어렵다. 다시 말해, 세대 간 대물림(세습)은 어느 사회에서나 존재하고 문제는 그 정도가 얼마나 심해지는가를 밝히는 것이다. 현재 한국 사회에서 일반인들의 인식과 학계의 연구는 예전과 비교해 가족 배경이 한 사람의 교육, 직업, 경제 수준에 미치는 영향이 점점 더 늘어나고 이제는 대학을 졸업해도 이전 세대에 비해 사회 경제적 성취가 점점 더 제한적이 되어 가고 있다는 추세를 강조한다. 즉, 세대 간 대물림이 늘어나고 대신에 세대 간 사회이동(특히 상승 이동)은 줄어들고 있다는 논의를 자주 접할 수 있다. 흙수저·금수저 담론을 둘러싼 일반인들의 논의가 이에 해당되며 이런 주제와 관련된 학계의 학술적 논의 또한 증가하고 있으며 그런 학술적 논의를 소개하는 언론 보도도 자주 접할 수 있다.

일례로 2017년 8월 23일 한국경제연구원 주최로 "사회이동성과 교육해법: 개룡남은 전설이 되었나"라는 세미나가 개최되었는데, 여러 언론사에서 이를 소개하는 기사가 실렸다. 기사 제목들은 [우울한 청춘 … 수저계급 고착화되는데 "부모 세대보다도 못한 미래"－경향비즈], [계층간 교육격차, 교육 대물림 현상 급속 심화 … "부모 양육관행도 영향"－데일리한국], [교육수준도 대물림 … 가장형편 어려울수록 학업성취도↓ －뉴스1]처럼 세대 간 사회이동이 어려워지고 대신에 세대 간 대물림이 늘어나고 있음을 강조하고 있다.[3]

이 세미나가 개최되기 4개월 전인 2017년 4월 27일에는 현대경제연구원에서 발표한 <계층상승 사다리에 대한 국민인식 설문조사> 보고서를 많은 언론에서 소개했는데 [국민 83.4% "아무리 노력해도 계층상승 가능성 낮다"－한국일보], ["노력하면 계층 오를 것" 국민 10명 중 2명뿐－이데일리] 등과 같은 제목에서 나타나듯이 사회이동이 어려워지고 있다는 인식이 국민 전반에 걸쳐 팽배해 있음을 강조했다.[4] 지난 몇년간 상황도 그리 나아지지 않고 오히려 사회이동 가능성이 줄어들고 있다는 인식이 한국 사회에서 더 심화되고 있다는 보고서들이 계속해서 나오고 있다. 통계청에서 발표한 2019년 사회조사 결과를 보고한 신문 기사들에 따르면 자식 세대의 계층이동 가능성이 높다고('매우 높다'와 '비교적 높다'는 응답을 합쳐서) 보는 사람들의 비율이 2009년 48.3%에서 2019년 28.9%로 감소했다. 이런 결과에 기초해 신문 기사들은 한국 국민들이 점점 더 사회이동 가능성이 줄어들고 있다고 생각한다고 소개하면서 다음과 같은 제목들을 뽑아냈다: [사그라지는 '계층상승의 꿈'－서울경제], [내 아이, 개천의 용되기 더 힘들 것－동아일보], [계층이동 기회 앞으로 더 힘들어질 것－이코노미21].[5]

도대체 한국에서 세대 간 사회이동은 얼마나 어려워졌는가? 독자들이 막 읽기 시작한 이 책은 기본적으로 이 질문에 답하기를 목표로 한다. 이미 많은 연구들이 세대 간 사회이동이 어려워지고 대신에 세대 간 대물림이 늘어나고 있음을 보여주고 있고 또 언론에서 강조하듯이 많은 사람들이 그렇게 인식하고 있음에도 굳이 이 주제로 책을 쓰는 이유는 무엇인가? 기본적으로 한국 사회에서 세대 간 이동이 어려워지고 대물림이 늘어나고 있다는, 그래서 기회 구조가 더 불평등해지고 있다는 지금의 인식과 연구 결과에서 한발 물러서 이 현상을 좀 더 자세히 살펴보자는 의도에서이다. 소득이나 부로 대표되는 경제적 자원이 개인(혹은 가족)들에게 분배되는 정도에 있어서 불평등이 심해지고 있는 근래의 추세를 부정하려는 것이 아니다. 자료가 다르고 어떤 소득을 살피는지에 따라 소득 불평등 수준과 추세가 반드시 일치하는 것은 아니지만, 2000년대 이후 한국에서 소득 불평등이 증가해왔다는 증거는 많다.[6] 하지만, 경제적 불평등이 늘어난다고 해서 반드시 세대 간 사회이동이 어려워지고 기회 구조가 불평등해지는 것이 아님을 강조하고 싶다. 세대 간 사회이동 추세는 경제적 불평등 추세와 반드시 일치하지 않을 수 있으며 그만큼 복잡한 현상이다. 따라서 세대 간 사회이동 추세를 제대로 파악할 수 있는 분석틀과 도구가 필요하다. 현재 세대 간 사회이동에 관한 논의가 언론이나 학계에서 넘쳐나지만 아쉽게도 세대 간 사회이동을 이해하는 데 도움이 되는 분석틀과 도구를 설명하는 안내서를 찾기는 어렵다.

2. 더 이상 개천에서 용이 나지 않는다는 주장에 시비 걸기 #1

근래에 세대 간 사회이동이 점점 더 어려워졌다 혹은 기회 구조의 불평등이 더 심해졌다는 주장을 비판적으로 살펴봐야 할 이유가 있다. 우선 언론과 학계에서 세대 간 사회이동이 어려워지고 있다고 말할 때 세대 간 사회이동이 정확히 어떤 현상을 말하는지 불분명하다. 앞서 설명한대로 세대 간 사회이동은 부모(지금까지 연구에서는 주로 아버지)[7]

의 계급·계층과 비교해 자식 세대가 어떤 계급·계층을 갖게 되는가를 가리키는 것으로 특히 부모의 계급·계층이 자식이 성취하는 계급·계층 지위에 얼마나 영향을 미치는지에 관한 문제이다.[8] 그런데 이 세대 간 사회이동에는 두 가지 측면이 있다: 절대적 이동과 상대적 이동. 언론과 학계에서 지금 어려워지고 있다고 주장하는 세대 간 사회이동이 절대적 이동을 말하는 것인지 상대적 이동을 말하는 것인지 분명하지 않다. 이 구분이 중요한 이유는 세대 간 절대적 이동과 상대적 이동에 영향을 미치는 요인들이 다르며, 한 사회의 불평등과 관련해서 절대적 이동과 상대적 이동의 변화는 다른 함의를 지니기 때문이다. 절대적 이동은 사회의 개방성(openness) 혹은 유동성(social fluidity)을 나타내는 상대적 이동과는 구별된다. 자식 세대가 성인이 되어 성취한 계급·계층 지위가 부모의 계급·계층과 관련성이 적을수록, 즉, 출신 배경이 아니라 자신의 노력이나 능력으로 계급·계층 이동을 이룰수록 사회가 더 개방적이라고 할 수 있으며 유동성이 높다고 할 수 있다. 사회의 개방성 혹은 유동성은 결국 기회 구조의 평등성과 밀접하게 연결되고 이는 세대 간 상대적 이동이 얼마나 활발한지의 문제이다.[9] 한국 사회에서 이제 대학을 졸업해도 예전과 달리 '모두가 부러워하는' 전문직이나 관리직에 속하는 직업을 쉽게 가질 수 없다는 인식은 주로 절대적 이동에 기인한 것일 수 있다. 절대적 이동과 상대적 이동이 반드시 같은 추세를 보이지는 않는다는 점을 강조하고 싶다. 현재 한국 사회에서 많은 사람들이 인식하고 있는 것처럼 절대적 이동은 점점 어려워졌을 수 있다(그러나 나중에 논의하겠지만 절대적 이동이 줄어들었다는 주장도 다소 부정확한 측면이 있다). 하지만, 그렇다고 해서 한국 사회의 기회 구조가 더 불평등해졌다거나 혹은 한국 사회가 더 폐쇄적이 되었다고 단정 지을 수 없다. 점점 더 세대 간 사회이동이 어려워지고 있다고 인식하는 사람들이 많아진다는 뉴스 기사들은 사람들의 세대 간 사회이동 인식이 실제로 한국 사회의 기회 구조가 더 폐쇄적이 되지 않았음에도

(다시 말하지만, 이 부분은 상대적 이동에 관한 부분이다) 절대적 이동의 변화 때문에 그렇게 '느낄' 수가 있다는 사실을 무시한다.[10]

절대적 이동은 특정한 계급·계층에 속했던 부모를 둔 자식 세대가 어떻게 다른 계급·계층으로 이동했는지를 말할 때 잘 적용될 수 있다. 한국 사회에서 지난 몇십년 동안 일어난 사회 변화 가운데 가장 눈에 띄는 것은 농업에 종사하는 사람들의 비율이 급속하게 줄어든 것이다. 대신에 대학 교육의 팽창과 함께 전문·관리직 비중이 노동시장에서 차지하는 비율이 증가했다. 따라서 부모가 농민이었던 많은 자녀들이 더 이상 농민으로 머물지 않고 전문·관리직 계급·계층으로 상승 이동하는 경우가 많았다. 개천에서 용난다는 스토리텔링도 이런 농민에서 전문·관리직으로 세대 간 사회이동을 이룬 경험들을 반영한 것인데 이는 부모 세대 농민 계급·계층으로부터 자식 세대 전문·관리직 계급·계층으로의 (상승)이동을 가리킨다. 따라서 특정한 계급 출신이 특정한 계급에 어떻게 도달하게 되는지에 관한 스토리이고 이는 상대적인 비교를 수반하지 않는다는 측면에서 절대적 이동이다. 이런 속성 때문에 직업구조, 또는 직업구조에 직접 기반하고 있는 계급·계층구조가 어떻게 변하는지에 따라 절대적 이동 또한 달라진다. 어떤 종류의 직업 혹은 계급·계층들이 축소되고 확장되는지에 따라 절대적 이동이 줄어들기도 늘어나기도 한다. 이렇게 직업 혹은 계급·계층이 어떻게 분포되어 있으며 그런 분포가 시간에 따라 어떻게 변하는지가 절대적 이동에 큰 영향을 미치기 때문에 절대적 이동은 직업 혹은 계급·계층 분포로부터 영향을 받지 않는 불평등 정도를 알려주지 못한다.

반면에 상대적 이동을 살필 때는 부모가 농민이었던 자녀들이 농민으로 남지 않고 전문·관리직 계급·계층으로 (상승)이동한 경우를 부모가 원래부터 전문·관리직 계급·계층에 속했던 자녀들이 농민 계급으로 '떨어지지' 않고 (즉, 하강 이동하지 않고) 전문·관리직 계급·계층에 남게 되는 (즉, 세습하게 되는) 경우를 비교한다. 부모가 농민 계급·

계층에 속했던 자녀들이 자신들 역시 농민으로 남지 않고 전문·관리직 계급·계층으로 상승 이동하는 경우가 많은 경우 분명 절대적 이동이 늘어나는 것이다. 하지만 동시에 부모가 전문·관리직 계급·계층에 속했던 자식들이 농민으로 하강 이동하지 않고 자신들 역시 전문·관리직으로 남는 경우가 (즉, 세대 간 대물림, 혹은 세습 정도가) 마찬가지로 증가하면 결국 전문·관리직 계급·계층에 도달하게 되는 데 있어서 부모 계급의 영향력은 달라지지 않는다. 즉, 상대적 이동은 변하지 않게 된다. 좀 더 일반적으로 말하면 상대적 이동은 두 개의 다른 계급·계층에 속했던 부모를 둔 자녀들이 두 계급·계층 가운데 더 낮은 계급·계층이 아니라 더 높은 계급·계층에 속하게 되는 가능성이 서로 어떻게 다른지를 가리키기 때문에 부모 세대 가운데 두 계급, 자식 세대 가운데 두 계급, 총 네 개 집단이 관련된다. 이렇게 특정 계급 출신들의 사회이동을 다른 계급 출신들의 사회이동과 비교하기 때문에 상대적 이동은 세대 간 사회이동 저변에 깔려 있는 기회 불평등 정도를 가늠하게 해준다. 지난 몇십년 간의 경제 발전 속에서 현재 한국 사회에서 성인 자식을 둔 부모들은 자신들의 부모와 비교해서 대부분 더 높은 지위의 계급·계층에 도달할 수 있었다. 하지만, 현재 자식들 세대는 부모 세대에 비교해서 더 높은 지위의 계급·계층에 도달하기가 더 어려워지고 있어서 한국 사회의 세대 간 사회이동 기회가 닫히고 있다는 주장은 절대적 이동에 관한 것이다. 절대적 이동 추세는 한국 사회의 개방성 혹은 불평등 정도가 어떻게 변했는지 알려주지 못한다. 이 질문에 답하기 위해서는 상대적 이동을 살펴봐야 한다.

3. 더 이상 개천에서 용이 나지 않는다는 주장에 시비 걸기 #2

현재 한국 사회에서 많이 이야기되는 세대 간 사회이동 논의들이 절대적 이동과 상대적 이동을 구분하지 않는다는 점에서 문제가 있다고 지금까지 지적했다. 한국 사회에서 세대 간 사회이동이 더 어려워지고 있다는 주장에 의문을 갖는 두 번째 이유는 이런 추세가 절대적 이동과 상대적 이동을 구분한 기존의 수많은 사회학 연구 결과들과 일치하지 않기 때문이다. 절대적 이동과 상대적 이동을 구분하고 각각을 분석할 수 있는 방법론을 발전시킨 공로는 세대 간 사회이동 연구가 이룬 중요한 업적 중의 하나이다. 절대적 이동이 늘었다고 해서(혹은 줄었다고 해서) 사회가 더 개방적(혹은 폐쇄적)이 되는 것은 아님을 증명한 세대 간 사회이동 분야의 수많은 연구들이 공통적으로 밝히고 있는 경험적 사실이 하나 있다: 많은 사회에서 시간에 따라 상대적 이동이 그다지 변하지 않고 계속해서 일정한 수준으로 유지되고 있다는 상당히 일관된 결과를 제시해왔다. 세대 간 사회이동에 관한 연구들을 소개하는 다음 장에서 자세히 설명하겠지만, 상대적 이동으로 대변되는 사회저변에 깔린 사회의 개방성 혹은 유동성은 경제구조나 직업구조, 심지어 정치구조의 변화에도 불구하고 지속적으로 유지되는 경향이 있다. 앞서 소개한 논문에서 정인관·최성수·황선재·최율(2020)은 2000년 이후 출간된 한국의 세대 간 사회이동 연구 결과들을 정리하면서 지금까지의 경험적 근거들에 따르면 기존의 사회계층론 학자들이 강조한대로 한국 사회에서도 세대 간 사회이동이 크게 달라지지 않았거나 아니면 오히려 더 활발해졌다고 결론짓는다. 물론 상대적 이동이 더 어려워진 사례도 없지는 않다. 예를 들면, 러시아가 시장체제로 이행하는 과정에서 부모 계급이 자식 계급에 미치는 영향력이 증가했다는 연구 결과가 있다.[11] 하지만 훨씬 더 많은 연구들이 다양한 사회에 걸쳐서 일관된 근거를—상대적 이동이 변하지 않았다—제시해왔다. 이처럼 오랜 시간 동안 사회, 경제, 정치적으로 다른 체계를 가진 여러 사회들을 대상으로 이루어진 세대 간 사회이동 연구들이 한목소리로 사회의 여러 다른 측면이 변해도 상대적 이동은 그다지 변하지 않는다고 할 때, 굳이 한국에서만 세대 간 사회이동이 더 어려워질 수 있을까? 사회저변에 깔린 불평등 구조는 생각보다 쉽사리 변하지 않는다.

4. 더 이상 개천에서 용이 나지 않는다는 주장에 시비 걸기 #3

한국 사회에서 세대 간 사회이동 사다리가 사라지고 있다는 인식과 주장에 선뜻 동의하기 어려운 세 번째 이유는 이런 추세가 사회이동 연구가 오랫동안 주장해온 상대적 이동의 추세 없음과 맞지 않을 뿐 아니라 최근에 보고되고 있는 국제 연구 결과와도 일치하지 않기 때문이다. 역시 자세한 논의는 다음 장에서 하겠지만, 근래에 나온 여러 사회이동 연구들은 상대적 이동이 사회의 변화에도 불구하고 일정한 수준을 유지한다는 전통적인 주장에 반하는 결과를 내놓기 시작했다. 그런데 흥미롭게도 이들 최근 연구들은 미국과 유럽의 여러 국가들, 브라질 등에서 세대 간 사회이동이 줄어든 것이 아니라 오히려 늘어났다는 사실을 밝혔다. 다시 말해, 이들 사회가 더 개방적이 된 것이다. 경제 불평등이 심화되어 온 것은 한국뿐만이 아니다. 특히 미국에서 1970년대 이후 경제 불평등이 심화되어 온 것은 널리 알려진 사실이다. 그렇다면 그런 사회들에서는 경제 불평등의 심화에도 불구하고 세대 간 사회이동이 어려워지지 않고 오히려 더 쉬워졌는데, 유독 한국에서만 정반대 방향으로 세대 간 사회이동 추세가 변했을 수 있을까? 한국의 경제 불평등이 다른 사회의 경제 불평등과 비교해 아주 특별할 정도로 급격하게 나빠진 게 아닌 이상 한국에서만 유독 세대 간 사회이동이 더 어려워지기는 쉽지 않을 것이다. 경제 불평등이 심해지면 상층과 하층 계급·계층의 경제적 수준 차이가 더 벌어지고 그런 환경 속에서 자란 자녀들의 교육과 직업 성취에서도 더 차이가 있을 것이라고 예상하기 쉽다. 하지만 이렇게 특정 시점에서의 경제 불평등이 자녀 세대의 교육과 직업 성취에 영향을 미치기까지는 여러 경로가 있을 텐데 한 사회 내에서 경제 불평등만 증가하는 것이 아니라 다른 변화도 일어날 때 이로써 경제 불평등 효과를 상쇄할 수도, 아니면 오히려 강화할 수도 있다.[12] 사회이동 연구자들에 따르면 여러 요소들이 복잡하게 경제 불평등과 세대 간 사회이동에 영향을 미치므로 그 둘 간의 관계는 생각하는 것 이상으로 복잡하다.[13]

5. 더 이상 개천에서 용이 나지 않는다는 주장에 시비 걸기 #4

한국 사회에서 세대 간 사회이동이 더 어려워졌다는 주장을 그대로 받아들이기 어려운 네 번째 이유가 있다. 대부분 사람들이 쉽게 동의할 수 있듯이 현대 사회에서 세대 간 사회이동의 가장 중요한 수단은 교육이다.[14] 개천에서 용 났다는 스토리에서 빠지지 않는 내용은 개천 출신 자녀들이 열심히 공부해서 일류 대학을 갔다는 것이다. 따라서 세대 간 사회이동이 어려워졌다는 인식과 주장이 타당하기 위해서는 교육 기회의 불평등이 증가했다는 경험적 증거가 뒷받침되어야 한다. 부모의 계급·계층과 상관없이 열심히 공부하면 원하는 대학에 갈 수 있는 사회가 교육 기회가 공평하게 주어지는 사회라고 한다면 최근에 한국 사회는 그 반대로 자식 세대의 대학 진학에 부모의 계급·계층이 더 중요해지고 있어야 한다. 부모 계급·계층에 따라 자식들의 최종 교육 수준이 분명하게 갈라질 때 교육은 세대 간 이동이 아니라 세대 간 대물림의 수단이 될 수 있다. 한국 사회에 과연 그런 증거가 있는가? 한국 사회의 교육 기회 불평등 추세를 분석한 많은 연구들에 따르면 부모 계급·계층 혹은 부모 교육 수준이 자식의 교육 수준에 미치는 효과는 최근 코호트에 와서도 그다지 달라지지 않았다. 상대적 이동의 추세 없음과 비슷하게 교육 기회의 (상대적) 불평등은 그다지 크게 변하지 않았다. 심지어 최근 몇몇 연구들은 어떤 측면에서는 교육 기회 불평등이 악화되지 않고 오히려 줄어들었다는 결과마저 제시하고 있다.[15] 자식 세대의 교육 수준에 미치는 부모 계급·계층 효과가 줄어들고 있다는 추세는 한국뿐만 아니라 유럽의 여러 국가들에서도 관찰된다. 많은 독자들은 한국에서 교육 기회 불평등이 늘어나지 않고 오히려 줄어들기까지 했다는 사실이 쉽게 이해되지 않을 수 있다. 사회

계층 간 교육 격차가 늘고 있다는 많은 언론 보도를 어떻게 이해해야 하는가?[16] 세대 간 사회이동 추세를 분석할 때 절대적 이동과 상대적 이동의 구분을 강조했는데, 교육 불평등 추세를 분석할 때도 마찬가지로 절대적 교육 이동과 상대적 교육 이동을 구분해야 한다. 부모 세대에 비해 자식 세대가 더 높은 교육 수준을 가지는 추세가 계속 되어오다가 교육 팽창이 더 이상 예전처럼 일어날 수 없게 되자 점점 더 자식 세대에 교육 상승 이동을 경험하지 못하는 것처럼 느끼게 될 수 있다. 교육 수준이 현저히 낮았던 조부모 세대에 비해 부모 세대는 쉽게 교육 상승 이동을 할 수 있었다. 하지만, 그렇게 교육 상승 이동을 이룬 부모 세대에 비해 자식 세대가 더 높이 올라가기는 그만큼 어려워진 것이다. 하지만 이런 절대적 교육 이동은 교육 기회의 불평등이라는 상대적 교육 이동 정도를 말해주지 못한다. 절대적 이동과 상대적 이동의 구별은 이처럼 중요하다. 사회계층론 분야의 학자들이 이룬 가장 중요한 업적 중의 하나는 바로 절대적 이동과 상대적 이동의 구분이라고 감히 말할 수 있다. 세대 간 사회이동의 중요한 수단인 교육, 특히 대학 교육에 미치는 부모 계급·계층 효과가 변하지 않았거나 아니면 오히려 약화됐다고 할 때 세대 간 사회이동이 더 어려워진다는 주장이 설 자리는 별로 없다.

6. 더 이상 개천에서 용이 나지 않는다는 주장에 시비 걸기 #5

한국에서 세대 간 사회이동 사다리가 사라지고 있다는 주장에 쉽게 동의할 수 없는 마지막 이유는 그러한 주장을 뒷받침하는 통계나 연구 결과들의 타당성에 의문이 있기 때문이다. 가장 먼저 지적할 수 있는 문제는 많은 통계나 연구들이 오랜 시간 동안의 추세를 살펴보기에는 턱없이 부족하다는 것이다. 근래에 출간된 『세습 중산층 사회』라는 책에서 교육 불평등이 증가했다는 주장을 뒷받침하기 위해 인용하고 있는 김영미의 2016년 연구는 1987－1996년 사이에 출생한 20대와

1977–1986년 사이에 출생한 30대를 비교한다. 당연히 1970년대 중반 이전에 태어난 사람들이 경험했던 교육 불평등은 알 수가 없다. 이런 연구가 무의미하다는 게 결코 아니고 다만 장기간 불평등 추세를 논의하기에는 분석 코호트가 너무 제한적이다. 이처럼 제한적인 시점에 걸쳐 분석하는 경우는 특히 세대 간 사회이동을 소득을 중심으로 살펴보는 경제학 연구에서 많이 나타난다. 한국에서 아버지 세대와 자식 세대에 걸쳐 소득 정보가 있는 자료가 많지 않다 보니 비교적 최근에 수집된 자료를 살펴볼 수밖에 없다. 따라서 주로 2000년대 이후 추세를 살펴볼 수밖에 없다.[17)]

한국 세대 간 사회이동과 관련된 연구들의 두 번째 문제는 출생 코호트 간의 (혹은 다른 연도 간의) 차이가 통계적으로 과연 유의미한지 검토하지 않거나 실제로 코호트 간의 차이가 일정한 패턴이 없는데도 가장 최근 코호트에 와서 부모 배경 효과가 다소 크다는 이유로 세습이 강화되고 있다는 무리한 주장을 한다는 것이다. 예를 들어, 한준(2016)은 김희삼의 2015년 연구를 인용하면서 교육 수준과 사회경제적 지위를 기준으로 본인과 아들 세대의 연관성이 아버지와 본인 세대 간의 연관성보다 높다는 사실을 강조한다.[18)] 이는 저자가 '본인과 자녀세대 사이에서는 사회가 안정되고 구조적 이동이 감소하면서 점점 이동의 기회가 줄어들었다'라고 주장하고(p. 52) 또 다른 연구 결과와 함께 최종적으로 '한국은 ... 최근에 올수록 그 성향[상대적 이동성–첨가]이 좀더 강해지는 것을 알 수 있다'(p. 53)는 결론을 짓게 한다. 그런데 김희삼(2015)의 연구에서는 본인과 아들 세대 간의 연관성(상관계수로 표시된다)이 실제로 아버지와 본인 세대 간의 연관성보다 통계적으로 유의미하게 큰지는 검증되지 않았다(숫자가 커 보이기는 하다). 더 중요하게는 할아버지와 아버지 세대 간의 연관성은 아버지와 본인 세대 간의 연관성과 비교해 더 크고 본인과 아들 세대 간의 연관성 정도와 비슷하거나 심지어 커 보인다. 다시 말해, 아버지와–본인 vs. 본인–아들 간의 연관성에 시야를 제한하지 않고 할아버지와 아버지 세대부터 본다면 그다지 추세가 없다. 김희삼 연구로부터 나올 수 있는 결론은 세대 간 사회이동이 더 어려워졌다가 아니라 실제로 3세대에 걸쳐 일정한 추세가 없다는 것이 되어야 맞다. 신문에 많이 인용된 한국보건사회연구원에서 발간한 [사회통합 실태진단 및 대응방안 II] 보고서 역시도 같은 문제점을 보인다. 산업화 세대(1940－59년 출생), 민주화 세대(1960－74년 출생), 정보화 세대(1975－1995년 출생)를 비교하면서 '직업계층의 대물림도 확인된다'는 것이 보고서의 중요한 결론 중의 하나이다(p. 175).[19] 하지만 보고서 어디에서도 이런 세 세대 간의 차이가 통계적으로 유의미한지 살펴보지 않았으며 무엇보다도 많은 지표들에서 세 세대 간에 뚜렷한 추세가 없다는 것이 더 정확한 결론이다.

마지막으로 기회 불평등이 심화되었다고 하는 연구들에서 많은 경우 최근 코호트가 주로 20대에 속하는 사람들이라는 사실을 지적하고 싶다. 『세습 중산층 사회』라는 책을 리뷰하면서 김창환은 그의 블로그에서 아직 30세에도 도달하지 못한 1990년 출생자들을 대상으로 현재 그들의 계급·계층을 도달 계급·계층이라고 정의하기 어려운 문제점을 지적한 바 있다.[20] 30세 이전의 직업이 30세 이후 최종적으로 도달할 직업에 비해 사회·경제적 지위가 낮을 가능성이 높기 때문에 하강이동이 많이 이루어지고 또 그만큼 상승 이동이 어려워졌다고 볼 수 있다. 하지만 이들 20대 청년들이 최종적으로 도달하게 될 계급·계층을 분석하면 상황은 달라질 수 있다. 20대인 자식 세대에 비해 아버지 세대의 경우 대부분 30세 이후에 얻은 직업을 기준으로 계급·계층을 정의하기 때문에 아버지 세대와 자식 세대의 계급·계층을 직접 비교할 수 없다. 이 문제는 아래에서 이 책에서 시도되는 분석을 소개하면서 다시 언급하겠다.

7. 그럼 이 책에서 하고 싶은 말은?

이처럼 최근 한국 사회의 세대 간 사회이동 논의를 비판적으로 검토하려는 이 책에서 저자는 사회이동이 어려워지고 있다는 사람들의 인식이 잘못되었다고 말하고자 하는 것이 아니라 그처럼 인식되는 추세에서 말하는 사회이동은 한 사회의 개방성 혹은 유동성이 어떻게 달라졌는지에 대한 답이 되지 못한다는 것을 강조하고 싶다. 사람들이 한국 사회에서 세대 간 사회이동이 점점 더 어려워지고 있다고 느끼는 까닭은 실제로 사회이동의 어떤 측면이 그렇게 변했기 때문일 것이다. 하지만, 그러한 사회이동 추세는 사회이동 기회가 점점 더 불평등해졌다는 주장과는 관련이 없다. 사회이동의 불평등은 절대적인 의미가 아니라 상대적인 의미에서 기회 구조가 계층·계급에 따라 어떻게 다른지에 관한 문제이다. 이 책의 결론부터 말하면 지난 몇 세대에 걸쳐 한국 사회에서 절대적 이동은 점점 지체되고 어떤 측면에서는 더 어려워지기까지 했다. 이런 절대적 이동 추세는 근본적으로 한국 경제의 변화에 따라 직업구조, 계급·계층구조가 빠르게 변했기 때문이다. 농민의 축소와 화이트칼라직의 확대로 1950년대와 1960년대에 출생한 아들들 (자료의 제약으로 이 책은 남성의 세대 간 사회이동만 살핀다) 가운데 많은 이들이 부모의 계급·계층보다 높은 지위의 계급·계층에 도달하는 상승 이동을 경험할 수 있었다. 하지만 더 이상 농민이 많이 남아있지 않고 화이트칼라직도 더 이상 예전만큼 빠르게 증가하지 못하게 되면서 1970년대와 1980년대에 출생한 아들들은 그만큼 상승 이동을 경험하기가 어려워졌다. 동시에 이들 최근의 두 코호트들은 이전 코호트들에 비해 더 많은 하강 이동을 경험하게 되었다. 아마도 이런 추세가 한국 사회에서 세대 간 사회이동이 더 어려워졌다는 인식을 낳게 했을 것이다. 하지만, 이와 같은 절대 이동 추세는 직업구조, 계급·계층구조의 변화에 기인한 것이기 때문에 한국 사회가 더 개방적(혹은 폐쇄적)이 되어 왔는가라는 질문에 답을 주지 못한다. 사회의 개방성 혹은 유동성은 직업구조 혹은 계급·계층구조의 상이함을 고려하고 남는 부모 세대의 계급·계층과 자식 세대의 계급·계층 간의 순수한 연관성을 가리킨다.

이 책의 말미에서는 분명해지겠지만, 상대적 이동은 점점 더 어려워졌다기 보다는 오히려 최근 출생 코호트로 올수록 쉬워지기까지 했다. 한국 사회가 더 폐쇄적으로 변한 것이 아니라 반대로 더 개방적이 된 것이다. 가장 최근 출생 코호트가 예전 코호트들에 비해 상대적으로 나이가 어려서(하지만 그래도 모두들 30세 이상) 아직 결과가 유보적일 수 있다고 양보를 해도 최근의 언론과 학계에서 말하듯이 세대 간 사회이동의 사다리가 사라졌다는 증거는 찾을 수 없다. 심지어 점점 더 어려워졌다고 보이는 절대적 이동도 농민 계급·계층을 제외하고 다시 살펴보면 오히려 꾸준히 늘어났다고까지 할 수 있다. 1950년대와 1960년대 출생자들 가운데 많은 상승 이동이 일어났다는 이미지는 농민 출신들이 많았고 이들 가운데 농민이 아닌 다른 계급·계층으로 이동하는 경우가 많았기 때문이다. 하지만 이들 가운데 농민이 아닌 계급·계층에 속한 부모를 둔 자식 세대는 이런 이미지와는 달리 상대적으로 상승 이동을 덜 경험했다. 다시 말하면, 최근 코호트들의 상승 이동이 어려워진다는 이미지는 1950년대와 1960년대 코호트들의 상승 이동이 현실보다 부풀려져서 생겨난 것이기도 하다. 절대적 이동과 상대적 이동을 구분하고 각각의 이동을 분석할 수 있는 적절한 분석 도구를 가지고 자료를 분석하면 현재 한국 사회에 널리 퍼져 있는 인식과는 다른 결론에 도달한다.

8. 이 책의 내용

실제로 이 책은 기본적으로 한국 사회에서 적어도 1950년에서 1984년 사이에 태어난 남성들을 대상으로 할 때, 상대적 의미에서의 사회이동은 더 어려워지지 않았다는 점을 경험적으로 보여준다. 더 나아가 조심스럽게 추세를 말할 수 있다면 세대 간 사회이동은 오히려 더 활발해졌다고까지 할 수 있다. 즉, 아버지 직업·계급이 아들의 직업·계급 성취에 미치는 영향력은 최근 코호트로 올수록 더 줄어들었다. 1950년대와 1960년대에 태어난 세대에 비해 1970년대 말과 1980년대 초에 태어난 세대들은 아버지의 직업·계급으로 영향을 덜 받고 자신들의 직업·계급을 성취할 수 있었다. 도대체 어떻게 일반적인 인식과는 다른 이런 결론이 나올 수 있는 것인가?

물론 이 책에서 분석하는 1950년에서 1984년 사이에 태어난 사람들은 최근의 사회이동 논의에서 언급되는 세대들과 정확하게 일치하지 않는다. 요 근래 부각되는 사회이동의 어려움은 주로 대학이 급속하게 늘어서 대학을 졸업할 무렵에 취업하는데 그만큼 어려움을 겪은 주로 2000년대에 20대를 지낸 1980년 이후 출생한 사람들, 즉, 흔히 밀레니얼 세대라 불리는 사람들 혹은 심지어 1990년대 중·후반에 출생한 Z세대의 경험을 말한다고 보인다. 따라서 1950년에서 1984년 사이에 출생한 사람들에 한해 세대 간 사회이동이 어려워지지 않았다는 이 책의 가장 핵심적인 내용이 주로 1980년대와 1990년대에 출생한 사람들의 경우 세대 간 사회이동이 점점 더 어려워졌다는 최근의 논의와 반드시 배치되는 것은 아니다. 한국 사회에서 세대 간 사회이동이 1950-84년 출생자들 사이에서는 점점 더 수월해지다가 최근 출생자들에 와서 다시 어려워졌을 수 있다. 따라서 이 책의 핵심이 되는 점점 더 개방적인 되는 기회 구조라는 경험적 근거가 최근 출생자들의 경험을 제대로 반영하지 않을 수도 있다는 사실을 명확히 할 필요가 있다. 한마디로 말해 이 책은 현재 활발히 논의되고 있는 수저계급론을 직접 검증하지 못하는 한계가 있다. 다만, 이 책의 분석 대상 중에 1980년대 초반에 (1980-84년) 출생한 밀레니얼 세대가 포함되고, 1950년대 세대부터 계속해서 일관된 추세가 이어진 상황을 고려할 때 1980년대 후반과

1990년대 출생자들에게서 갑자기 추세가 달라졌을 것이라고 예측하기는 어렵다. 1950-84년 출생자들 사이에서 상대적 사회이동이 계속해서 수월해진 경향은 그 이후 세대에서도 어느 정도 나타나지 않았을까 조심스럽게 예측해 볼 수 있다. 계속해서 세대 간 사회이동이 수월해지는 추세가 이어지지는 않고 다소 정체되면 모를까 근래 많이 이야기되는 대로 방향을 바꿔서 더 어려워지기 시작했을 가능성은 크지 않을 것이다.

그러면 이처럼 이 책에서 1985년 이후 출생자들의 세대 간 사회이동을 본격적으로 살펴보지 않는 이유는 무엇인가? 앞서 기존 연구들의 문제점을 지적한대로 1985년 이후에 출생한 최근 세대의 경우 2015년에 여전히 30세 이하로 아직 생애 과정에서 안정적인 직업을 가졌다고 보기 힘들기 때문이다. 다시 말해, 30세 이하 때 가진 직업이 이들의 최종 혹은 최대 계층·계급 위치를 나타내기 어렵기 때문이다. 최근 세대가 30세 이전에는 예전 세대에 비해 상대적으로 안정적인 직업을 갖기 어려워도 30세 이후에는 따라 잡아서 예전 세대와 비슷해질 수도 있다. 따라서 30세 이전만 분석하면서 최근 세대의 사회이동이 예전 세대에 비해 어려워졌다고 하는 것은 전체 그림을 보지 못하는 격이다. 최근 세대에 이르러 사회이동이 실제로 얼마나 어려운지 전반적으로 살펴보기 위해서는 이들이 30세를 넘어서 획득하는 직업을 알 필요가 있으며 따라서 최근 세대의 사회이동 연구는 이들이 30세 이후가 되는 시점에 와서야 전체적인 그림을 파악할 수 있다. 현재로서는 아직 이들의 세대 간 사회이동에 대해 제대로 말할 수 없는 실정이다. 이런 점에서 최근의 사회이동에 관한 논의는 아직 20대인 세대의 사회이동을 논하기에는 너무 이르다.

다시 말하지만, 최근에 대학을 졸업한 사람들이 예전 대학 졸업자들에 비해 학교에서 직장으로 이행하는 데 어려움을 더 겪고 있다는 주장에 반대하지 않는다.[21] 다만 이처럼 초기 노동시장 진입 결과들이 이후 이 세대들이 결국 어떤 직업을 갖고 어떤 계급·계층에 도달하게 될지 아직 단정하기 어렵다는 것을 말하고 싶을 뿐이다. 사회이동에는 세대 간 사회이동뿐만 아니라 세대 내 사회이동도 있다. 즉, 학교를 막 졸업하고 취업한 사람들이 경력을 쌓으면서 처음 갖게 된 직업·계급과는 다른 직업·계급으로 이동할 수 있고 이런 세대 내 이동은 특히 학교를 졸업하고 안정적인 직업을 갖게 되기까지 계속 될 수 있다. 30세 이후에도 이런 세대 내 이동이 가능하겠지만 상대적으로 그 정도가 덜 하리라 쉽게 예측되며 또 이동이 일어나더라도 계급 지위를 변경하는 수준의 이동은 상대적으로 드물 것이라 생각된다. 어쨌든 현재 한국 사회의 세대 간 이동 논의가 학교를 졸업하고 양질의 직장을 갖기 어려운 최근 코호트의 상황을 반영한 것일 텐데 시간이 좀 흘러서 이들이 안정적인 직업·계급을 갖게 되기까지는 너무 성급한 결론은 피해야 할 것이다. 이 책은 세대 내 이동의 영향을 상대적으로 덜 받는 30세 이상 사람들을 대상으로 세대 간 사회이동에 초점을 맞춘다.

지난 30년간에[22] 걸쳐 한국 사회에서 세대 간 사회이동이 어떻게 변화해왔는지를 보기 위해서는 일단 세대 간 사회이동의 이론적·개념적 논의들을 검토하고 방법론적인 측면에서 사회이동을 어떻게 측정해서 시계열적 연구에 이용할 수 있는지 살펴봐야 한다. 그러한 방법론은 특정 시점에서 한국 사회의 사회이동 정도가 다른 사회의 그것과 얼마나 다른지, 비슷한지 비교가능하게도 한다. 그런 이론적, 방법론적 논의 후, 실제로 한국 자료에 사회이동 측정 방법을 적용해서 구체적인 사회이동 지표는 어떤 변화를 보여주는지를 자세히 논의해야 한다. 뒤에서 자세히 소개할 한국 사회이동을 다루는 사회과학 학자들의 논문이나 연구 보고서에서 절대적 이동과 상대적 이동이 간략하게 설명되고 각각을 반영하는 여러 지표들이 소개되고 있지만 대부분 학계 청중을 대상으로 한 글들이라는 한계가 있다. 나아가 학계 청중을 대상으로 한다고 해도 논문이나 연구 보고서라는 형식 때문에 절대적 이동과 상대적 이동의 의미와 그 둘을 구분해야 하는 이유를 깊게 설명하는 경우는 찾아보기 어렵다. 이 책은 기본적으로 사회학의 핵심 연구 분야의 하나인 세대 간 사회이동과 관련해서 그간 사회학자들이 발전시켜온 이론적, 방법론적 논의들을 소개하고, 최근에 저자가 정인관 교수와 함께 '사회 과학 연구'(Social Science Research)라는 저널에 발표한 논문의 연구 결과들을 소개함으로써 경험적으로 지난 30년간 세대 간 사회이동이 어떻게 변했는지 실증적으로 밝히려 한다.[23)]

물론 최근 한국 사회에서 세대 간 사회이동이 점점 더 어려워지고 있다는 인식이 그냥 저절로 생긴 것은 아닐 것이다. 앞서도 지적한 것처럼 절대적 이동이 더디어진 추세를 반영할 수도 있고 특히 소득을 비롯한 여러 경제 지표들에서 불평등이 증가해온 추세도 사회이동이 어려워진다는 인식에 한몫했을 듯싶다. 실제로 소득 불평등이 늘고 대학을 졸업해도 예전과 달리 안정적인 직장을 갖기가 어려워지는 상황에서 사회이동의 계층 사다리가 점점 더 사라지고 있다는 인식은 어쩌면 당연한 것인지도 모르겠다. 실제로 수저계급론이나 계층·계급 이동의 어려움을 소개하는 언론 기사들이 상당한 정도로 사회 인식 조사 결과를 바탕으로 한다는 사실에 유념할 필요가 있다. 하지만 이 글에서 수없이 강조하듯이 사회 불평등이라고 하는 것은 기본적으로 상대적인 비교를 수반한다. 청년들이 전반적으로 안정적인 직장을 갖기 어려워지는 상황에서도 어떤 특정 계층의 청년들이 다른 계층의 청년들에 비해 위세가 높은 직업을 갖게 되는 정도가 어떻게 다른지를 묻는 것이 불평등을 이해하려는 시도이다. 마찬가지로 예전 시대에 비해 더 많은 청년들이 대학을 졸업한다고 해도 어떤 특정 계층의 청년들이 다른 계층의 청년들에 비해 대학 졸업 가능성이 여전히 더 많다면 교육 기회 구조의 불평등은 여전히 유지되고 있는 것이다.

CHAPTER

02

사회이동의 개념적 · 이론적 논의

CHAPTER 02

사회이동의 개념적 · 이론적 논의

1. 개념적 이해
   1) 결과의 불평등 vs. 기회의 불평등
   2) 절대적 이동 vs. 상대적 이동
2. 사회이동에 대한 이론적 시각
   1) 사회이동 추세에 관한 이론적 논의
   2) 어떻게 상대적 사회이동이 변하는가?
   3) 한국 사회이동 추세에 관한 연구 검토

CHAPTER 02

사회이동의 개념적 · 이론적 논의

1. 개념적 이해

1) 결과의 불평등 vs. 기회의 불평등

사회학자들은 불평등을 논의하면서 연관되어 있지만 구분되는 두 가지의 불평등을 이야기한다. 이 두 가지는 결과의 불평등(inequality of outcomes)과 기회의 불평등(inequality of opportunity)이다.[1] 이 두 가지 불평등이 항상 분명하게 구분되는 것은 아니지만, 여러 불평등에 관한 논의들이 어떤 불평등에 초점을 맞추는지 분명하게 할 수 있다는 점에서 개념적인 유용성이 있다. 결과의 불평등은 소득이나 교육 수준 같은 사회경제적으로 유용한 자원이 사회구성원에게 얼마나 불평등하게 분배되어 있는지에 초점을 맞춘다. 근래에 많이 논의되고 있는 소득 혹은 자산 불평등, 특히 한 사회의 전체 소득 혹은 자산 가운데 상위 10%(혹은 1%)가 차지하는 비중이 미국과 몇몇 유럽 국가들에서 1970

년대 중후반 이후 계속해서 늘어나고 있음을 밝히는 연구들은 주로 결과의 불평등을 논의하고 있는 것이다.[2] 다시 말해, 결과의 불평등에 관한 논의들은 특정 시점에서 소득이나 자산 같은 경제 자원이 사회구성원들에게 얼마나 불평등하게 분배되어 있는지에 관심을 갖는다. 이런 결과의 불평등을 측정하기 위해서는 따라서 자원이 분배되는 정도를 나타내는 지니(Gini) 계수나 특정 위치(상위 10%나 1%)의 사람들에게 자원이 집중되는 정도를 나타내는 수치들이 주로 사용된다.

그러나 결과의 불평등이 반드시 기회의 불평등을 의미하지는 않는다. 예를 들어, 상위 10%가 차지하는 소득이 얼마나 집중되었는지에 관한 문제는, 특별히 누가 그리고 어떻게 상위 10%라는 자리를 차지하게 되는가 하는 문제와는 구별된다. 현재 소득의 상위 10%를 차지하고 있는 사람들의 출신 배경, 다시 말해, 그들의 부모들 역시 상위 10%에 속했는지, 아니면 그 부모들은 상위 10%에 속하지 않았더라도 자신들의 노력에 의해 상위 10%에 도달했는지에 관한 질문은 결과의 불평등보다는 기회의 불평등에 관한 것이다. 간단히 말해, 기회의 불평등이란 본인이 현재 차지하고 있는 지위나 가지고 있는 자원이 그들의 부모가 차지했던 지위나 가지고 있던 자원과 얼마나 연관성이 있는가 하는 문제이다. 부모의 지위와 자원이 자식이 성인이 되어 갖게 된 지위와 자원과 밀접하게 연결되어 있을수록 기회의 불평등이 심하다고 할 수 있다.

결과의 불평등과 기회의 불평등을 구분하는 것이 중요한 이유는 사회구성원들이 인식하는 결과의 불평등 문제가 기회의 불평등 정도에 따라서 달라질 수 있기 때문이다. 본인이 소득 분포 상위 10%에 속할 가능성이 부모의 지위나 재력에 영향을 받지 않는다면, 즉, 자신의 노력과 능력에 따라 상위 10%에 속할 가능성이 누구에게나 열려 있다면, 상위 10%가 전체 소득에서 차지하는 비중이 상당하더라도 그러한 상위 10%의 소득 집중도가 크게 문제되지 않을 수 있다. 부모와 자식 세대 간의 소득 상관성을 분석한 미국의 경제학자들이 사용한 비유를 들자면, 소득 불평등이 증가함에 따라 계층 사다리의 제일 높은 발판과 낮은 발판 사이의 간격이 늘었다고 해도 사다리의 제일 낮은 발판에서 제일 높은 발판으로 올라갈 수 있는 가능성이 누구에게나 열려 있다면, 결과의 불평등은 그런 공정한 기회를 기반으로 한 경쟁의 '당연한' 혹은 '필연적'인 결과로 인식될 수 있다.[3] 다시 말해, 기회의 평등이 보장된다면 결과의 불평등은 어느 정도 정당한 것으로 간주될 수 있다는 것이다. 물론 결과의 불평등이 너무 심한 경우에는 기회가 과연 평등한가라는 의문이 생길 수 있다. 따라서 결과의 불평등이 기회의 불평등과 아주 무관한 것은 아니다. 하지만, 소득 불평등이 기회 평등의 결과로 인식되면 그 불평등이 어느 범위 안에서는 정당한 차이로 인식될 수도 있다.

사회학자들 사이에 결과의 불평등에 관한 관심이 증가해온 것은 사실이지만, 오랫동안 사회학자들은 기회의 불평등에 관심을 가져왔다. 사회 계층론(social stratification)이라는 사회학의 한 분야는 오랫동안 기회의 불평등을 어떻게 개념화하고 측정할지, 어떤 사회가 상대적으로 더 높거나 낮은 기회의 불평등을 보여주는지, 한 사회 내에서 기회의 불평등 정도는 어떻게 변화했는지 등에 관한 다양한 이론적 논의와 풍부한 경험적 연구를 진행해왔다.[4] 기회의 불평등은 무엇을 말하는가? 우선 사회학자들은 직업을 기준으로 사회 계급(social class)을 정의한 뒤, 개인이 성장할 시기에(예를 들어, 14살 혹은 15살 때 무렵) 부모가 어떤 계급에 속해 있었는지를 가지고 출신 계급(origin class)을 정의하고, 본인이 달성한 계급을 도달 계급(destination class)으로 삼아, 출신 계급과 도달 계급 간에 얼마나 연관성이 있는지를 살펴본다.[5] 다시 말해, 사회학자들은 사람들이 어떤 계급에서 출발해서 어떤 계급에 도달했는지를 묻는 세대 간 사회이동(아래에서 강조하겠지만, 특히 절대적 이동이 아니라 상대적 이동)을 기회의 불평등을 측정하는 중요한 지표로 여겨왔다.[6]

출신 계급과 도달 계급을 교차시켜 어느 출신 계급에서 나와서 어느 계급에 도달했는지 한눈에 볼 수 있게 만든 사회이동표(social mobility table)는 출신 계급과 도달 계급 간의 연관성을 분석하는 중요한 도구가 되어 왔다.7) 이 연관성은 출신 계급이 도달 계급에 미치는 영향력을 말한다. 즉, 자식이 성취한 계급이 얼마나 부모의 계급과 비슷한지를 나타낸다. 보통 출신 계급과 도달 계급의 수가 같기 때문에 사회이동표는 정사각형이 된다. 이런 정사각형의 사회이동표에서 대각선에 놓인 사람들은 출신 계급과 도달 계급이 같은 경우로 계급 세습의 경우가 되겠고 나머지 경우는 출신 계급과 도달 계급이 다른 경우로 계급 이동의 경우가 되겠다. 이러한 사회이동표를 이용해서 출신 계급과 도달 계급의 연관성을 분석하게 되는데, 본인이 특정 계급에 도달하는 데 있어 부모의 계급이 그다지 영향력을 행사하지 않을 때 한 사회는 개방적이라고 할 수 있으며 반대로 본인의 도달 계급에 부모의 계급이 큰 영향력을 행사할 경우 그 사회는 상대적으로 폐쇄적이라고 할 수 있다. 한 사회 내에서 사회의 발전에 따라 개인이 성취하는 도달 계급이 출신 계급으로부터 자유로워질수록 그 사회는 더욱 개방적이 되어 간다고 할 수 있다.

물론 직업을 중심으로 한다고 해도 사회 계급을 어떻게 정의할지는 학자들마다 다르다. 칼 마르크스(Karl Marx)의 계급 논의에 기반을 두어 현대 사회에 맞는 계급 분류틀을 발전시킨 학자들이 있는 반면에, 주로 막스 베버(Max Weber)의 논의를 발전시킨 학자들도 있다. 이 두 이론 전통이 계급을 개념화하고 구체적으로 측정하는 데 있어서 여러 가지로 다르지만, 한 가지 근본적인 측면에서는 유사하다. 이 두 전통들은 모두 사회 구성원을 몇 개의 제한적인 수의 사회 계급들로 구분한다. 예를 들면, 베버의 이론적 전통을 발전시킨 Erikson and Goldthorpe의 EGP 계급 분류틀은 사회 구성원을 총 일곱 개 계급들로 구분한다.8) EGP 분류틀은 유럽 사회학계를 중심으로 현대 사회학에서 가장 널리 사용되고 있는 계급 구분 중의 하나이다. 반면에 미국의 사회학자 Wright가 마르크스의 이론적 전통을 발전시켜 고안한 계급 분류틀은 이론적으로 총 열두 개 계급(혹은 계급위치)을 구분한다.[9] 이처럼 정확히 몇 개의 어떤 계급들이 있는지, 또 계급을 규정짓는 조건들은 어떤 것인지에 관해 서로 일치하지 않지만, 사회 계급을 구분하는 데 있어 결국 직업과 그것과 관련된 요소들(예를 들어, 고용 형태나 기술 수준)이 가장 중요한 요소가 되며 사회 구성원들이 직업을 중심으로 구성된, 제한된 수의 계급들로 귀속될 수 있다는 점에서는 두 전통이 그리 다르지 않다.

따라서 두 전통 중의 하나를 따르게 될 때 결국 세대 간 사회이동은 부모의 계급(즉, 출신 계급)과 본인의 계급(즉, 도달 계급)이 어떻게 연결되어 있는지에 관한 질문이 된다. 그러나 이처럼 제한된 수의 사회 계급들이 현대 사회의 복잡한 집단들을 제대로 포착할 수 있는지 의문이 계속 있어 왔다. 제한된 수의 '큰 계급들'(big classes) 보다는 구체적인 직업 집단에 기반한 미시적 수준에서의 계급 분석을 진행해야 한다는 주장은 그 대표적인 예이다.[10] 이 관점에 따르면 '큰 계급들'은 노동시장에서 상당히 이질적인 특성들을 지닌 직업 구성원들을 억지로 하나로 묶는다. 이들이 볼 때 사회이동 분석은 큰 계급들에 기초해 세대 간 연관성을 살펴볼 것이 아니라 훨씬 더 구체적이고 미시적인 직업 집단을 단위로 세대 간 연관성을 살펴야 한다.[11]

계급 분류를 둘러싼 자세한 논쟁은 이 책에서 더 이상 다루지 않기로 한다. 어떤 계급 분류틀이 더 적합한지 여부가 이 책의 초점이 아니기 때문이다. 이 책의 논의와 관련해서 중요한 문제는 사용하는 계급 분류틀에 따라 세대 간 사회이동 추세가 다르게 나타날 수 있는가 하는 것이다. 아래에서 자세히 설명하겠지만, 이 책에서는 Erikson and Goldthorpe의 EGP 계급 분류틀에 따라 사회이동 추세를 살펴본다. 하지만 다른 분류틀을 사용할 때 추세가 얼마나 비슷한지 대안적으로 직종에 기반을 둔 분류틀을 사용한 분석 결과를 같이 제시한다. 자료의 한계 때문에 구체적인 직업에 기반을 둔 미시적 계급 분석을 해야 한다는 주장에 직접 대응하지는 못하지만, EGP 계급 분류틀이나 직종 구분 가운데에서도 최상위층의 계급과 직종만을 따로 살펴봄으로써 '큰 계급'을 사용할 때 혹 놓치게 되는 세대 간 사회이동 추세가 있는지 확인한다. 결과를 논의할 때 다시 보겠지만 결국 어떤 계급 분류틀을 사용하는지에 상관없이 세대 간 사회이동 추세는 크게 달라지지 않는다.

2) 절대적 이동 vs. 상대적 이동

사회 구성원들을 몇 개의 계급들로 구분한 후 출신 계급과 도달 계급 간의 연관성을 살펴보는 데 있어서 두 가지 다른 유형의 사회이동을 구분할 필요가 있다. 하나는 절대적 이동(absolute mobility)이고 다른 하나는 상대적 이동(relative mobility)이다. Erikson and Goldthorpe (1992: p. 55)의 정의에 따르면 "절대적 이동(혹은 불이동)이란 어느 계급에 속하는 사람들 가운데 [세대 간] 사회이동(혹은 불이동)을 이룬 사람들의 비율을 말하는 것으로 결국 절대적 이동율은 사회이동표상에서 특정 칸(cell)에 속하는 사람들의 백분율로 표현될 수 있다." 출신 계급과 도달 계급이 다른 사람들은 세대 간 사회이동을 경험한 사람들인데 이들은 사회이동표에서 대각선 밖에 위치한다. 이런 사람들이 전체 사람들 가운데 차지하는 비율(혹은 백분율), 다시 말해, 사회이동표의 전체 대상자들 가운데 대각선에 있는 사람들을 제외한, 즉, 대각선 밖에 있는 사람들의 비율인 총이동율(total mobility rates)은 절대적 이동율의 대표적인 예이다. 총이동율이 높다는 것은 그만큼 자식 세대들이 부모 세대와는 다른 계급에 도달하는 경우가 많다는 것을 의미하며 (절대적) 사회이동이 높다고 할 수 있다. 다만, 계속해서 강조하듯이 총이동율이 가리키는 사회이동은 세대 간 계급구조의 변화에 기인한 것일 수 있기 때문에, 총이동율이 높아졌다고 해서 반드시 상대적 의미에서의 기회구조가 개방적이 되었다고는 할 수 없다. 한 사회의 개방성 혹은 유동성을 논의할 때는 절대적 이동이 아니라 뒤에서 살펴 볼 상대적 이동을 살펴봐야 한다.

총이동율에서 나타나는 절대적 세대 간 사회이동은 출신 계급과 도달 계급 간의 지위 차이에 따라 상승 이동, 하강 이동, 수평 이동으로 구분된다. 물론 이러한 구분은 계급들을 지위에 따라 위계적으로 구분할 수 있음을 전제한다. 계급들 간의 질적 관계를 강조하면서 여러 계급들을 단일한 지표에 따라 높고 낮은 순서로 배열할 수 없다는 계급론적 관점이 사람들을 직업 지위에 따라 일렬로 배열할 수 있다는 수직적(vertical)이고 위계적(hierarchical)인 관점과 반드시 배치되는 것은 아니다. Erikson and Goldthorpe의 계급 분류틀은 계급적 관점을 기반으로 하면서도 위계적 관점을 접목한 대표적인 예이다. 이렇게 계급들의 위계를 구분할 수 있을 때 상승 이동이란 도달 계급이 출신 계급보다 그 지위가 높을 경우를 말하며, 반대로 하강 이동이란 도달 계급이 출신 계급보다 그 지위가 낮은 경우를 말한다. 수평 이동은 같은 지위에 속하는 계급들 간의 사회이동을 지칭한다. 아울러 상승 이동과 하강 이동은 그 이동 정도에 따라 장거리 이동과 단거리 이동으로 더 세분화 될 수 있다. 출신 계급과 도달 계급 간의 지위 차이가 큰지 혹은 작은지에 따라 장거리 혹은 단거리 이동으로 구분될 수 있는데 이처럼 지위 차이가 큰지 혹은 작은지는 학자들이 정의하기에 따라 다르고 특히 계급들의 지위를 몇 개 집단으로 나누는지에 따라 다를 수 있다. 이런 차이에도 불구하고 장거리 이동과 단거리 이동을 구분하는 이유는 그만큼 장거리 이동이 단거리 이동에 비해 어렵다는 인식 때문이다. 총이동율이 동일하다고 하더라도 장거리 이동이 많이 이루어지는 사회와 주로 단거리 이동이 많은 사회는 여전히 구분될 수 있다.

총이동율이 출신 계급과 도달 계급이 다른 사람들의 비율을 사회이동표의 전체 대상자들을 기준으로 계산되는 것이라면, 절대적 이동과 관련해서 총이동율과 더불어 자주 사용되는 지표인 유출율(outflow rate)과 유입율(inflow rate)은 세대 간 이동(혹은 불이동)을 경험한 사람들의 비율을 전체 대상자가 아니라 특정 계급에 속하는 사람들에 한정해서 계산한다.

유출율은 특정 계급 출신 가운데 특정 계급에 도달하게 되는 비율을 말한다. 예를 들어, 한 사회에 부모 계급이 전문가 계급인 사람들이 100명 있는데 이 중 70명이 본인 자신 전문가 계급이 되고 20명은 노동자 계급이 되고 10명은 농민 계급이 되었다고 할 때 전문가 계급 출신들의 전문가 계급, 노동자 계급, 농민 계급으로의 유출율은 각각 70%, 20%, 10%이다. 다시 강조하지만 이 특정한 유출율을 계산하는 데 있어 관련된 사람들은 전체 대상자들이 아니라 부모가 전문가 계급에 속했던 특정 사람들뿐이다. 반면에 유입율은 특정 도달 계급 가운데 특정 계급 출신들의 비율을 말한다. 예를 들어, 자식 세대 가운데 총 100명이 전문가 계급인데 이 중에서 50명은 전문가 계급 출신이고(즉, 부모 계급이 전문가 계급), 30명은 노동자 계급 출신이고 나머지 20명은 농민 계급이라고 할 때 현재 전문가 계급 가운데에서 전문가 계급으로부터 유입된 비율은 50%, 노동자 계급으로부터 유입된 비율은 30%, 농민 계급으로부터 유입된 비율은 20%이다.

이처럼 유출율은 특정 계급으로부터 어떻게 다른 계급으로 이동했는지를 보여주고 유입율은 특정 계급이 어떤 계급으로부터 왔는지를 보여준다. 그런데 여기서 중요한 포인트는 유출율과 유입율을 계산하는 데 있어서 한 계급만이 기준이 된다는 점이다. 예를 들어, 전문가 계급 출신들이 어떻게 전문가 계급이나 다른 계급으로 진출했는지를 보는 경우 기준은 출신 계급으로서의 전문가 계급이다. 마찬가지로 노동자 계급 출신들이 본인 자신 노동자 계급이 되거나 다른 계급으로 이동하는 정도를 나타내는 유출율의 경우 기준은 출신 계급으로서의 노동자 계급이다. 전문가 계급과 노동자 계급 별개의 유출율을 계산하는 것이지 유출율 자체에 전문가 계급과 노동자 계급의 비교를 수반하지 않는다. 이처럼 한 계급만이 기준이 되지 다른 계급과의 비교를 수반하지 않는 건 유입율도 마찬가지이다. 이런 측면에서 유출율이나 유입율은 절대적 이동이며 이후 소개되는 상대적 이동과 구분된다.

그러면 총이동율, 유출율, 유입율로 표시되는 (절대적) 세대 간 사회이동은 왜 한 사회의 기회 구조가 얼마나 평등한지를 보여주는 지표가 되지 못하는가? 근본적으로 절대적 사회이동율은 사회이동표상의 주변부 분포(marginal distribution), 즉, 사회이동표의 열(row)을 구성하는 출신 계급과 행(column)을 구성하는 도달 계급의 분포와 밀접하게 연결되어 있기 때문이다. 간단히 말해, 절대적 이동율은 계급구조(따라서 계급구조가 기반하고 있는 직업구조)의 변화로부터 직접 영향을 받기 때문에 절대적 이동율의 변화가 단순한 계급구조의 변화가 아니라 사회 저변에 깔려 있는 기회 구조의 변화에 의해 기인한 것이라고 단정할 수 없다. 구체적인 예가 이해를 도울 수 있겠다. 한국 사회에서 산업화가 진행될수록 전체 직업 가운데 농민이 차지하는 비율이 급속하게 줄었는데(즉, 직업구조가 변했다) 이렇게 농민의 비중이 계속해서 줄어들었다는 것은 농민 계급에 속했던 부모의 자녀들은 그만큼 계속해서 농민으로 남을 수 없고 '강제적'으로라도 다른 계급으로 이동해야 함을 의미한다. 시간이 흐름에 따라 농민 계급의 비중이 줄어들면서 그 계급의 많은 자녀들은 원하든 원하지 않던 자신들의 부모가 속했던 농민 계급과는 다른 계급에 도달하게 되는 과정을 겪는다. 즉, 농민 출신 자녀들이 더 이상 농민으로 남지 않고 전문가 계급을 포함해 다른 계급으로 이동할 가능성이 커지게 된 것이다. 이는 앞서 설명한 농민 출신들의 유출율 변화를 가리킨다. 그런데 이처럼 직업구조가 변해서 전체 노동력 가운데 농민이 차지하는 비율이 줄어들고 농민 출신 자녀들은 다른 계급, 심지어 전문가 계급으로 많이 이동하게 되었다고 해서, 사회의 기회 구조가 더 개방적이 되었다고 할 수는 없다. 이런 직업구조의 변화는 다른 계급 출신들이 전문가 계급으로 유출되는 비율도 증가시켰을 것이기 때문이다. 예를 들어, 전문가 계급 출신들이 전문가 계급에 도달하는 정도가 농민 출신들이 전문가 계급에 도달하는 정도에 비해 같은 속도로 증가했다면 상대적인 의미에서 기회 구조는 달라지지 않은 것이다.

한국 사회에서 지난 1970년대 이후 진행된 빠른 산업화와 직업구조의 변화는 절대적 이동을 증가시켰을 가능성이 크며, 농민의 급속한 축소와 전문가 직종의 팽창으로 특히 상승 이동이 증가해왔으리라 기대하게 한다. 그러나 교육 팽창이 더 이상 크게 늘지 않고 직업구조 역시 상대적으로 안정되고 더 이상 크게 변하지 않게 되면 절대적 이동은 더 이상 늘지 않을 수 있으며 특히 상승 이동이 더 이상 늘지 않을 가능성이 많다. 예를 들어, 더 이상 전문직이나 관리직이 늘어나지 않을 경우 상승 이동이 크게 변하지 않을 수 있다. 그럴 경우 이전 세대에 비해 최근 세대에 (절대적인) 사회이동이 일어나지 않거나 심지어 사회이동이 줄어들고 있다고 인식될 가능성이 크다. Breen(2010a)은 절대적 이동이란 결국 부모 계급에 비해 본인의 계급이 더 높은지 낮은지에 관한 문제라고 적절하게 지적했다. 이런 측면에서 1970년부터 1990년대까지 급격한 산업화와 직업구조의 변화는 많은 자식들이 부모와는 다른 계급, 특히 더 높은 지위에 있는 계급으로 이동할 수 있게 했으리라 짐작된다. 특히 이 기간에 노동시장에 있었던 사람들의 부모들 가운데 많은 수가 농민이었기 때문에 특히 상승이동이 활발하게 일어났을 수 있었을 것이다. 하지만 1990년대 말 경제 위기 이후 직업구조가 상대적으로 적은 변화를 겪게 되면서 그만큼 2000년대에 직장을 가지게 된 세대의 경우 부모 세대와 그렇게 크게 다르지 않은 계급에 도달하게 되면서 상대적으로 이제는 예전 세대보다 (절대적) 사회이동이 더 어렵다는 인식이 사회에 퍼질 수 있다. 더군다나 직업·계급구조가 계속해서 업그레이드되어 왔다는 점을 기억할 필요가 있다. 최근 코호트의 아버지들은 이미 자신들의 예전 세대보다 높은 계급지위를 달성할 수 있었고 이렇게 업그레이드된 아버지 세대의 계급구조는 그만큼 최근 코호트가 자기 아버지 계급 위치를 넘어 상승 이동을 하기 어렵게 만들었을 수 있다.[12] 즉, 1950년대와 1960년대 출생자들의 경우 대부분의 출신 계급이 워낙 낮았기 때문에 상대적으로 상승 이동이 많을 수 있었고 1970년대 후반과 1980년대 초반 출생자들의 경우 그들의 부모가 상승 이동을 거쳐 이미 높은 지위의 계급에 도달했기 때문에 거기서 더 높이 올라가기가 어려웠을 수 있다.

그러나 이처럼 최근 들어 직업구조가 더 이상 급격히 바뀌지 않아서 절대적 이동이 예전에 비해 줄었다고 해도 반드시 기회 구조의 불평등이 증가했다고는 볼 수 없다. 직업구조의 변화로 생긴 절대적 사회이동이 기회의 불평등을 드러내는 것은 아니다. 기회의 불평등은 '상대적인' 이동 기회를 의미하기 때문이다. 앞서 제시한대로, 전문직 직종이 늘어나면서 노동자 계급 출신자들 가운데 자신의 부모와는 달리 전문가 계급이 되는 사람들의 절대적인 수가 늘어났다고 해도 그 늘어난 절대적인 수는 직업 구조의 변화로 일어난 것이지 사회가 더 개방적이 되어서 그런 것이라고는 할 수 없다.

그림 2.1 전문가 계급의 출신 계급 구성비의 변화(절대적 크기의 변화)

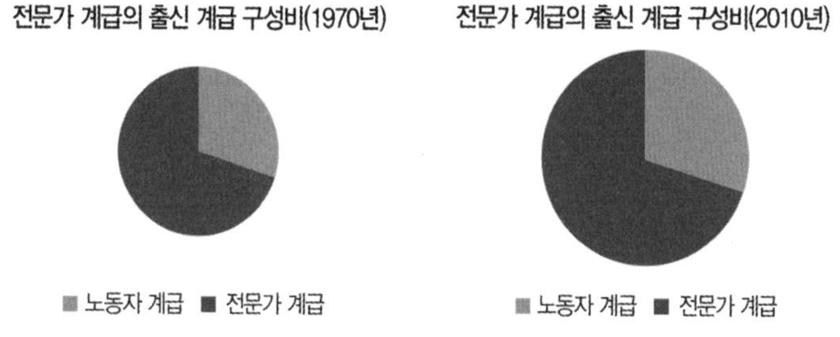

절대적 이동과 상대적 이동의 차이를 이해하는데 피자(pizza) 모형의 그림이 도움이 될 수 있다. 한 사회가 전문가 계급과 노동자 계급으로만 구성되어 있다고 가정해보자. 위의 [그림 2.1]에서 상대적으로 크기가 작은 원형의 피자는 1970년에 전문가 계급에 해당되는 사람들의 출신 계급 구성을 보여준다. 즉, 1970년에 전문가 계급에 속한 사람들의 30%는 노동자 계급 출신이고(즉, 그 부모가 노동자 계급에 속했으며) 나머지 70%는 전문가 계급 출신이다(즉, 그 부모가 전문가 계급에 속했다). 그 옆에 제시되고 있는 40년이 지난 후 2010년의 피자를 보면 우선 크기가 커졌음을 알 수 있다. 피자의 크기가 커졌다는 것은 교육 팽창과 직업구조의 변화로 인해 1970년에 비해 2010년에 전문직을 가진 사람들이 절대적으로 늘었음을 반영한다(따라서 전체 직업구조에서 전문직이 차지하는 비율 또한 높아졌을 것이다). 이처럼 전문가 계급에 속하는 사람들이 늘어나면서 사회 전체 차원에서 상승 이동이 증가했다고 인식될 수 있다. 예전에 비해 보다 많은 사람들이 전문직을 갖게 되고 또 그러한 전문직이 전체 직업구조에서 차지하는 비율이 증대함으로써 사람들은 사회이동, 특히 상승 이동이 더 활발해졌다고 생각할 수 있다. 그런데 흥미롭게도 이렇게 늘어난 전문가 계급 가운데 전문가 계급 출신과 노동자 계급 출신이 여전이 3:7의 비율로 존재함을 [그림 2.1]은 보여준다. 즉, 전반적으로 전문가 계급이 늘어났지만 전문가 계급을 구성하는 두 출신 계급들의 상대적인 비중은 그대로 유지되었다. 다시 말해, 전문가 계급으로의 유입율은 지난 40년간 변하지 않았다. 이처럼 상대적 이동이 아니라 절대적 이동의 한 측면을 나타내는 유입율조차 절대적으로 전문가 계급이 커졌다는 것을 세대 간 사회이동이 증가한 것으로 그대로 오해해서는 안 됨을 분명히 보여준다.

그림 2.2 전문가 계급 출신들의 도달 계급 구성비 변화(유출율)

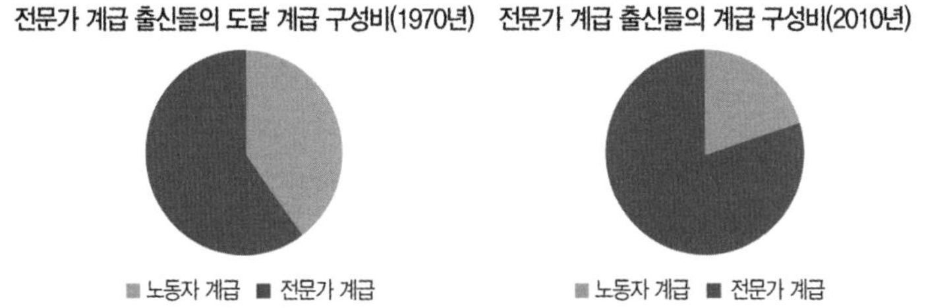

그림 2.3 노동자 계급 출신들의 도달 계급 구성비 변화(유출율)

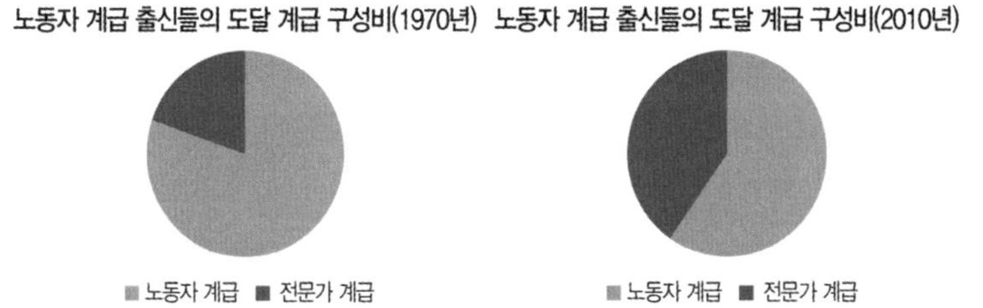

이제 유출율과 관련된 예를 살펴보기로 하자. 위의 [그림 2.2]를 보면 1970년에 부모 계급이 전문가 계급이었던 자식들 가운데 6명은 자신들이 역시 전문가 계급이 되었고 4명은 노동자 계급으로 하강 이동했음을 알 수 있다. 40년이 지난 2010년에는 전문가 계급 출신들의 80%가 전문가 계급에 머물렀으며 20%가 노동자 계급으로 하강 이동했다. 이 결과만을 놓고 보면 부모가 전문가 계급이었던 자식들이 전문가 계급 지위를 세습하는 정도가 더 심해져서 기회 구조의 불평등이 심화된 것 같다. 하지만 기회 구조의 불평등은 상대적인 개념임을 염두에 둔다면 전문가 계급 출신들의 유출율과 아울러 노동자 계급 출신들의 유출율을 동시에 살펴봐야 한다. 실제로 [그림 2.3]은 노동자 계급 출신들이 얼마나 노동자 계급에 남는지 아니면 전문가 계급으로 상승 이동하는지를 보여주는데, 1970년에는 노동자 계급 출신들 가운데 20%가 전문가 계급으로 상승 이동하고 80%는 부모 계급과 같은 노동자 계급으로 남았다. 40년이 지난 후 2010년에는 노동자 계급 출신들 가운데 40%가 전문가 계급으로 상승 이동하고 나머지 60%는 자신들의 부모와 같은 계급인 노동자 계급에 머물렀다. 다시 말해, 노동자 계급 출신이 전문가 계급으로 상승 이동할 가능성이 그만큼 늘었다. 결국 [그림 2.2]에서 보이는 전문가 계급 출신들의 계급 세습의 증가는 노동자 계급 출신들의 전문가 계급으로의 상승 이동과 상쇄되어 상대적인 기회 구조는 40년 전과 다름이 없다. 더 나아가 [그림 2.3]만 놓고 보면 지난 40년간 기회 구조의 불평등이 줄어든 것처럼 보여서 [그림 2.2]와는 정반대의 결론에 도달하게 된다. 이처럼 각 계급의 유출율을 따로 살펴보게 되면 상대적인 비교의 관점에서 기회 구조의 불평등을 살펴볼 수 없다.

표 2.1 (가상의) 세대 간 사회이동표

출신 계급	도달 계급		
	전문가	노동자	합계
전문가	10	2	12
노동자	10	100	110
합계	20	102	122

그럼 이처럼 사회의 유동성 혹은 개방성을 반영하는 상대적인 이동 정도를 구체적으로 어떻게 측정할 수 있는가? 오랫동안 세대 간 사회이동 학자들은 출신 계급과 도달 계급 간의 연관성 정도를 측정하기 위해 기본적으로 승산비(odds ratio)에 주목해왔다. 승산비를 설명하기 위해서는 다소 기술적인 논의가 필요하기 때문에 Marshall, Swift, and

Roberts(1997)가 자신들의 책에서 소개하는 방식과 예를 따라 쉽게 설명하려고 한다.[13] 그 저자들은 중산층(middle class)과 노동자 계급으로 이루어진 세대 간 사회이동표를 제시했는데 이 책에서는 앞의 [그림 2.1], [그림 2.2], [그림 2.3]에서처럼 노동자 계급과 전문가 계급의 두 계급으로 구성된 사회를 가정한다. 승산비는 결국 두 개의 출신 계급 i와 i' 그리고 두 개의 도달 계급 j와 j'로 구성된 2×2의 사회이동표에서 계산된다. 따라서 실제의 사회이동표가 두 개 계급보다 많은 경우에는 두 출신 계급과 두 도달 계급으로 이루어진 쌍이 여러 개 있을 수 있어서 (총 출신 계급 수−1)×(총 도달 계급 수−1)만큼의 승산비를 계산할 수 있다.[14]

[표 2.1]은 가상적인 사회이동표를 제시하고 있다. 이 사회는 총 122명으로 구성되어 있는데 이 중에서 20명은 현재 전문가 계급에 속하며 나머지 102명은 노동자 계급에 속한다(도달 계급 가운데 전문가 계급 열과 노동자 계급 열에서 맨 아래에 있는 합계를 보면 된다). 이번에는 이 총 122명의 출신 계급을 살펴보면 12명이 전문가 계급 출신(즉, 부모가 전문가 계급에 속했다)이고 나머지 110명이 노동자 계급 출신이다. 이 세대 간 사회이동표에서 상대적 이동이란 전문가 계급 출신들이 본인 세대에 노동자 계급이 아니라 전문가 계급에 도달할(즉, 계급을 유지할) 승산(odds)과 본래 노동자 계급 출신들이 본인 세대에 노동자 계급으로 남지 않고 전문가 계급으로 상승 이동하는 승산(odds) 간의 비율, 즉, 승산비(odds ratio)로 정의될 수 있다.

[표 2.1]에 제시되어 있는 각각의 사람들 수를 가지고 구체적으로 설명해 보자. 총 12명의 전문가 계급 출신들 가운데 노동자 계급으로 하강 이동하지 않고 전문가 계급을 세습한 경우는 10명이고(즉, 앞서 설명한 대로 총 12명의 전문가 계급 출신 가운데 본인 자신이 전문가 계급이 되는 유출율은 10/12=83%) 노동자 계급으로 하강 이동한 경우는 2명이어서(즉, 12명의 전문가 계급 출신 가운데 노동자 계급으로 이동한 유출율은

2/12=17%) 전문가 계급 출신들이 노동자 계급이 아니라 전문가 계급이 될 승산은 5(10/2)이다. 이 승산은 두 유출율의 비율이기도 하다: 즉, (10/12)/(2/12)=5. 승산=5는 전문가 계급 출신들 가운데 1명이 노동자 계급으로 하강 이동한다면 5명은 전문가 계급을 유지함을 의미한다.

반면에 총 110명의 노동자 계급 출신 가운데 노동자 계급에 머물지 않고 전문가 계급으로 상승 이동한 경우는 10명이고(즉, 노동자 계급 출신 가운데 전문가 계급으로 이동한 유출율은 9%=10/110) 노동자 계급에 머문 경우는 100명이다(즉, 노동자 계급 출신 가운데 본인 자신이 노동자 계급이 되는 유출율은 100/110=91%). 따라서 두 유출율의 비율이기도 한 노동자 계급 출신들의 승산은 0.1(10/100)이다. 쉽게 말해, 노동자 계급 출신들 가운데 1명이 전문가 계급으로 상승 이동한다면 10명은 노동자 계급에 머문다는 말이다.

승산비는 말 그대로 두 승산의 비율이다. 따라서 전문가 계급 출신들의 승산 값인 5와 노동자 계급 출신들의 승산 값인 0.1의 비율을 구하면 승산비는 50(5/0.1)이 된다. 다시 말하면, 전문가 계급 출신들이 노동자 계급으로 하강 이동하기보다는 자신들의 계급을 유지할 승산이 노동자 계급 출신들이 노동자 계급에 머물지 않고 전문가 계급으로 상승 이동할 승산에 비해 50배나 높다는 것이다. 이처럼 승산비가 50이나 된다는 사실은 출신 계급이 전문가 계급인지 아니면 노동자 계급인지에 따라서 노동자 계급이 아니라 전문가 계급이 될 승산이 50배나 달라지는 것으로 출신 계급이 도달 계급에 지대한 영향을 미치고 있음을 나타내는 것이다. 간단히 말해, 기회 구조가 상당히 불평등함을 드러내준다.[15)]

승산비가 1인 경우 전문가 계급 출신들이 노동자 계급으로 하강 이동하지 않고 자신의 출신 계급을 유지하게 되는 승산이 노동자 계급 출신들이 노동자 계급으로 머물지 않고 전문가 계급으로 상승 이동하는 승산과 같으므로 출신 계급에 상관없이 노동자 계급이 아니라 전문가 계급이 될 승산이 같다는 것을 의미한다. 즉, 출신 계급과 도달 계급 간에 아무런 연관성이 없다는 것을 의미한다. 승산비 1은 결국 완전 이동(perfect mobility)을 가리킨다. [표 2.1]에서 나타나는 것과 정반대로 승산비가 1 미만의 경우는 전문가 계급 출신들이 노동자 계급으로 하강 이동하지 않고 전문가 계급으로 남는 승산이 노동자 계급 출신들이 노동자 계급으로 남지 않고 전문가 계급으로 상승 이동하는 승산보다 작다는 것으로 현실적으로 이럴 경우는 매우 드물 것이다.

이처럼 승산비는 두 출신 계급들(지금 들고 있는 예에서는 전문가 계급과 노동자 계급)이 노동자 계급이 아니라 전문가 계급에 도달할 두 승산 간의 비율을 나타내는 것으로 상대적인 이동 정도를 제대로 나타내준다. 즉, 절대적 이동, 특히 유출율을 계산하고 나서 많은 노동자 계급 출신 자녀들이 노동자 계급으로 머물지 않고 전문가 계급으로 상승 이동한다고 알게 되었다고 해도 그 자체로 사회가 더 개방적이 되었다고 주장할 수 없다. 그들의 상승 이동 정도를 전문가 계급 출신 자녀들이 노동자 계급으로 하강 이동하지 않고 전문직 계급에 머물게 되는 정도와 비교해서, 노동자 계급 출신 자녀들의 상승 이동 정도가 전문가 계급 출신 자녀들의 재생산 정도보다 빠르게 증가했을 때 사회가 더 개방적이 되어 간다고, 즉 사회 유동성이 증가한다고 할 수 있다. 간단히 말해, 절대적 이동에 해당하는 전문가 출신들의 유출율과 노동자 출신들의 유출율을 서로 대비시킬 때 출신 계급이 도달 계급에 어떤 영향을 미치는지 파악할 수 있다. 이것이 바로 세대 간 상대적 이동이다. 직업구조의 변화로 확대된 전문직 자리를 노동자 계급 출신 자녀들 일부가 채우겠지만, 더 많은 자리는 전문가 계급 출신 자녀들로 채워질 수 있다. 이럴 경우, 늘어난 전문직 자리는 상대적 이동을 확대시키기보다 계급 간 불평등을 유지하거나 심지어 증가시킬 수도 있다.[16] 앞서 [그림 2.2]와 [그림 2.3]에서 논의한 내용이 바로 이 경우에 해당된다.

마찬가지 의미에서 전문가 계급 출신들이 전문가 계급에 머물지 않고 하강 이동하는 승산이 최근 코호트에 와서 커졌다고 해도 이 자체로 상대적인 사회이동이 변했음을 의미하지 않는다. 노동자 계급 출신들이 전문가 계급으로 상승 이동하지 못하고 노동자 계급에 남는 승산이 동시에 커졌다면 전문가 계급 출신 자녀들의 하강 이동이 예전 세대에 비해 늘어났다고 해도 그 자체로는 상대적인 기회 구조의 변화를 알 수 없고 노동자 계급 출신 자녀들의 노동자 계급 세습과 비교했을 때만이 사회의 유동성이 어떻게 변했는지 파악할 수 있다. 현재 한국 사회에서 중산층 출신 자녀들이 중산층으로 남을 가능성이 점점 희박해 세대 간 사회이동이 어려워지고 있다는 인식은 이런 절대적 이동과 상대적 이동을 구별하지 못한 대표적인 경우이다. 만약 빈곤층 자녀들이 상승 이동하지 못하고 빈곤층으로 남는 승산 또한 동시에 높아졌다면 예전에 비해 중산층 출신 자녀들의 하강 이동이 많아져도 그 자체로는 사회 유동성이 변했음을 의미하지 않는다. 빈곤층에 도달할 승산이 중산층과 빈곤층 모두에게 동시에 올라가면 승산비는 변하지 않기 때문에 상대적 이동은 변함이 없다.

승산비의 중요한 특징 중의 하나는 승산비가 출신 계급과 도달 계급의 주변부 분포(marginal distribution)로부터 영향을 받지 않는다는 것이다. 기본적으로 승산비는 두 승산의 비율로 정의되기 때문에 특정 계급이 늘어나든 줄어들든 그 영향을 받지 않는다. 따라서 승산비는 계급구조가 급속히 변한 특정 사회 내에서 개방성 혹은 유동성이 시간에 따라 어떻게 변했는지를 살펴보려고 할 때나 아니면 계급구조가 매우 이질적인 여러 사회들 가운데 어떤 사회가 상대적으로 개방적인지 혹은 폐쇄적인지 비교할 때 유용하다. 시계열적 비교나 국가 간 비교에서 계급구조의 차이 때문에 절대적 이동이 다를 수 있지만, 승산비로 표시되는 상대적 이동 체제는 시간에 따라 변하지 않았거나 국가 간에 그다지 차이가 없을 수도 있는데 이러한 특징은 승산비가 주변부 분포에 영향을 받지 않기 때문에 가능한 것이다. 세대 간 사회이동과 관련한 대부분의 연구들이 기본적으로 대수선형모형(log-linear model)을 이용해왔는데 그 이유는 대수선형모형이 이러한 승산비를 기반으로 하기 때문이다.

표 2.2 한 사회 내에서 사회이동 추세 분석

1970년 사회이동표

출신 계급	도달 계급		
	전문가	노동자	합계
전문가	20	5	25
노동자	20	200	220
합계	40	205	245

2010년 사회이동표

출신 계급	도달 계급		
	전문가	노동자	합계
전문가	60	5	65
노동자	60	200	260
합계	120	205	325

이처럼 주변부 분포로부터 영향을 받지 않는다는 승산비의 특성을 좀 더 이해하기 쉽게 예를 들어, 설명해보겠다. 위의 [표 2.2]는 한 가상 사회를 예로 들어 1970년과 2010년 사이에 사회이동이 어떻게 변화했는지 살펴볼 수 있는 자료를 제공한다. 가장 먼저 눈에 띄는 사회 변화는 전문가 계급이 차지하는 비중이 지난 40년 동안 증가했다는 것이다. 도달 계급의 분포를 살펴보면 1970년에는 성인들 가운데 16%(40/245)만이 전문가 계급에 속했고 나머지 84%(205/245)는 노동자 계급에 속했다. 2010년에는 전문가 계급 비중이 37%(120/325)로 40년 전에 비해 21% 포인트나 증가했다. 이러한 전문가 계급 비중의 증가하는 고등 교육 팽창과 아울러 전문 지식을 필요로 하는 직업군들이 지난 40년간 계속해서 증가해서 생긴 결과일 듯하다. 이러한 전문가 계급 비중의 증가는 비단 도달 계급뿐만 아니라 출신 계급 가운데에서도 발견된다. 1970년에 전문가 계급 부모를 둔 성인의 비중이 10%(25/245)이었던 반

면에 40년 후에는 그 비중이 두 배로 늘어났다 (65/325=20%). 결정적으로 노동자 계급 출신 가운데 노동자 계급에 머물지 않고 전문가 계급으로 상승 이동하는 비율이 지난 40년간 증가했다. 1970년에 노동자 계급 출신 220명 중에 20명, 즉, 9%가 전문가 계급으로 상승 이동한 반면에 40년 후에는 노동자 계급 출신 260명 중에 60명, 즉, 23%가 전문가 계급으로 상승 이동했다. 이처럼 도달 계급 가운데 전문가 계급의 상대적인 비중이 증가했으며 노동자 계급 출신들의 상승 이동이 증가했기에 사회가 더욱 개방적이 되었다고 생각할 수 있다. 과연 그럴까?

우선 1970년 사회이동표를 자세히 살펴보기로 하자. 전문가 계급 출신 자녀들의 경우 노동자 계급으로 하강 이동하지 않고 계급 재생산을 이루는 승산이 4이다(20/5). 다시 말해, 전문가 계급 출신 자녀 1명이 하강 이동할 때 4명은 부모와 같은 전문가 계급이 되었다. 반면에 노동자 계급 출신 자녀들의 경우 노동자 계급으로 머물지 않고 전문가 계급으로 상승 이동하는 승산이 겨우 0.1(20/200)이다. 노동자 계급 출신 자녀 1명이 상승 이동할 때 10명은 노동자 계급으로 남는다. 그래서 결국 1970년 사회이동표에서 승산비는 40이다(4/0.1). 즉, 전문가 계급 출신 자녀들이 노동자 계급으로 하강 이동하지 않고 전문가 계급으로 남는 승산은 노동자 계급 출신 자녀들이 노동자 계급에 머물지 않고 전문가 계급으로 상승 이동하는 승산의 40배나 된다. 승산비가 1이면 완전 이동을 의미한다고 할 때 승산비 40은 상당한 정도의 기회 불평등이 존재함을 드러낸다.

40년이 흘러 2010년에는 어떻게 되었을까? 우선 노동자 계급 출신 자녀들의 상황을 살펴보자. 이제 노동자 계급 출신 자녀들 가운데 노동자 계급에 머물지 않고 전문가 계급으로 상승 이동하는 승산이 0.3(60/200)이다. 다시 말해, 노동자 계급 출신 자녀들 10명이 노동자 계급으로 남을 때 3명은 전문가 계급으로 상승 이동할 수 있었다.

1970년에 노동자 출신 자녀들이 노동자 계급에 머물지 않고 전문가 계급으로 상승 이동하는 승산이 0.1이었다는 점을 고려하면 2010년에 그만큼 상대적으로 노동자 출신 자녀들이 전문가 계급으로 상승 이동하는 가능성이 높아졌음을 의미한다. 다시 말해, 노동자 계급 출신 자녀들만을 고려한다면 그만큼 사회가 더 개방적이 되어 왔다고 생각할 수 있다. 이제 2010년 사회이동표에서 전문가 계급 출신 자녀들은 어떻게 되었는지 살펴보자. 전문가 계급 출신 자녀들 가운데 노동자 계급으로 하강 이동하지 않고 전문가 계급으로 남는 승산은 12(60/5)이다. 다시 말해, 전문가 계급 출신 자녀들 가운데 1명이 하강 이동할 때 12명은 부모와 같은 계급을 유지할 수 있었다. 그런데 이 승산 12는 1970년 사회이동표의 승산 4에 비해 훨씬 높다. 다시 말해, 전문가 계급이 노동자 계급으로 하강 이동하지 않고 전문가 계급으로 남는 가능성은 그만큼 더 높아졌다.

이제 전문가 계급 출신 자녀들의 승산 12와 노동자 계급 출신 자녀들의 승산 0.3을 비교하면 승산비는 40(12/0.3)이다. 즉, 전문가 계급 출신 자녀들이 노동자 계급으로 하강 이동하지 않고 전문가 계급 지위를 유지하는 승산은 노동자 계급 출신 자녀들이 노동자 계급에 머물지 않고 전문가 계급으로 상승 이동하는 승산의 40배가 된다. 재미나게도 2010년 사회이동표에서 나타나는 이 승산비 40은 1970년 사회이동표의 승산비 40과 정확히 일치한다! 다시 말해, 도달 계급과 출신 계급 가운데 전문가 계급이 차지하는 비중이 늘고 노동자 계급 출신 자녀들 가운데 노동자 계급에 머물지 않고 전문가 계급으로 상승 이동하는 경우가 더 많아졌음에도 상대적 사회이동을 가리키는 승산비는 변하지 않았다. 출신 계급과 도달 계급의 연관성, 즉, 출신 계급이 도달 계급에 미치는 영향력은 하나도 변하지 않았다. 상대적 의미에서의 사회이동 기회는 전문직 계급의 확대, 노동자 계급 출신 자녀들의 증가한 상승 이동에도 불구하고 전혀 변하지 않았던 것이다.

어떻게 된 일인가? 상대적 이동 기회가 늘어나지 않고 여전히 유지되었던 이유는 노동자 계급 출신 자녀들의 상승 이동이 늘어나는 동시에 전문가 계급 출신 자녀들의 계급 재생산 가능성이 그만큼 높아졌기 때문이다. 1970년에 전문가 계급 출신 자녀들 가운데 4:1의 비율로 계급 재생산과 노동자 계급으로의 하강 이동이 일어난 반면에 2010년에는 12:1의 비율로 계급 재생산 가능성이 더욱 높아졌던 것이다. 이처럼 높아진 전문가 계급 출신 자녀들의 계급 재생산 가능성이 마찬가지 속도로 높아진 노동자 계급 출신 자녀들의 상승 이동과 밸런스를 유지해서 상대적인 이동 기회는 변하지 않았던 것이다. 이처럼 기회의 불평등 정도는 두 계급 간의 상대적인 비교를 통해 밝혀지는 것으로 한 계급의 이동이 많아지거나 혹은 적어졌다고 해서 그 자체로 기회의 불평등 정도가 변했다고 볼 수는 없다. 한마디로 말해 절대적 이동과 상대적 이동은 구별되며 기회의 불평등은 절대적 이동이 아닌 상대적 이동으로 그 정도가 파악된다.

따라서 한국 사회에서 근래에 늘어나고 있는 계층이동의 사다리 담론이나 개천에서 용이 나지 않는다는 담론들을 고려할 때, 절대적 이동뿐만 아니라 상대적 사회이동 수준이 시계열적으로 정확히 어떻게 변해왔는지를 살펴보는 작업이 중요하다. 특히 상대적 이동이야말로 기회의 불평등 정도를 제대로 반영한다는 점을 생각한다면 상대적 이동의 정도와 그 추세를 정확히 밝히는 작업은 여러 면에서 의의가 있다고 할 수 있다. 앞서 살펴본 예는 노동자 출신 계급 자녀들의 상승 이동은 늘었으나 상대적 이동이 변하지 않은 경우지만, 그 반대의 경우도 얼마든지 가능할 수 있다. 절대적 이동은 줄어들었지만 상대적 이동이 변하지 않았다거나 심지어 증가할 수도 있다. 한국의 사회이동에 관한 기존 연구들을 살펴볼 아래 단락에서 보다 본격적으로 말하겠지만, 절대적 이동과 상대적 이동을 구별하고 특히 상대적 사회이동이 근래에 어떻게 변했는지에 관한 연구들을 찾기가 어렵다. 계속 해서 말하지만 최근 세대들이 예전 세대에 비해 계급 위계의 높은 곳까지 오르기가 어려워졌다는 사실만으로 한국 사회가 폐쇄적이 되어간다는 주장은 절대적 이동 변화를 마치 기회의 불평등 변화인양 해석하는 것이다. 실제로 한국 사회가 얼마나 유동적이지 못하게 되었는지는 상대적 이동으로 답할 수 있는 문제인데 많은 연구들이 절대적 이동과 구별되는 상대적 이동 추세를 살펴보지 않았다. 따라서 이런 상태에서 한국 사회의 계급이동 사다리가 걷히고 있다는 주장은 아직 경험적 근거가 없다.

2. 사회이동에 대한 이론적 시각

1) 사회이동 추세에 관한 이론적 논의

여러 증거들은 1990년대 말 경제 위기 이후 한국 사회에서 소득 불평등이 증가해왔음을 설득력 있게 보여준다(신동균 2007; 홍민기 2017). 소득 불평등의 증가는 그만큼 사람들 생각에 세대 간 사회이동도 어려워져 왔다는 인식을 불러 일으켰으리라 짐작된다. 그럼 과연 소득 불평등의 추세는 세대 간 사회이동 추세와 일치하는가? 소득 불평등이 계속해서 증가한 최근 추세가 실제로 사회이동의 추세와는 일치 하지 않을 수도 있다는 생각은 사회이동 추세에 관한 여러 가설들이나 이론들을 살펴볼 때에도 그 근거를 얻게 된다.

사회이동이 사회마다 어떻게 다르고 또 한 사회 내에서 시계열적으로 어떻게 변화해왔는지는 사회 계층론을 넘어 사회학 전반에서 오래전부터 중요한 주제였다. 그 안에서도 다양한 관점들이 존재해서 한마디로 정의하기는 어렵지만, 기본적으로 사회이동과 관련해서 근대화 이론(modernization theory)은 사회가 발전할수록 교육이 팽창하고 기술과 지식에 기반한 직업들이 늘어나면서 절대적인 사회이동이 증가하고, 특히 상승 이동이 많아진다고 예측했다.[17] 아울러, 근대화 이론은 절대적 이동뿐만 아니라 상대적 이동 추세에 관한 예측도 했는데, 사회가 발전함에 따라 본인의 도달 계급에 부모의 계급 같은 귀속적인 요소가 아니라 교육 같은 성취 요인이 점점 더 중요한 역할을 하게 된다고 주장하면서 상대적 이동이 더욱 늘어난다고, 즉, 사회의 개방성이 더욱 증대하는 방향으로 사회가 나아간다고 예측했다.[18]

그러나 여러 국가들에서 이루어진 사회이동에 대한 경험적 연구들은 사회의 발달과 함께 자연적으로 사회이동이 증가하고 특히 상승 이동이 활발해진다는 가설에 반하는 증거들을 보고해왔다. 여기서는 Erikson and Goldthorpe(1992)의 책 1장에서 소개되고 있는 두 가지 가설을 그들이 소개하는 대로 요약해 보고자 한다. 우선 그들의 해석에 따르면 Lipset and Zetterberg의 입장은 현대 사회가 어느 정도 경제 수준에 도달하면 (특히 높은 이동율을 보여주는 서구) 사회들 간에 (절대적) 이동율 측면에서 차이가 별로 없고 특히 더 이상 경제 발전에 상관없이 (이미 높았던) 이동율은 더 이상 크게 변하지 않는다고 요약할 수 있다. 일종의 문지방(threshold) 효과라도 부를 수 있는 이러한 입장은 사회이동율이 경제 발전에 따라 계속해서 증가할 것이라는 근대화 이론과는 배치된다. 그러나 이후 연구들은 현대 산업화 국가들, 심지어 상대적으로 발전된 국가들 사이에서도 절대적 이동이 제법 다르다고 보여주었다.

이를 바탕으로 Featherman, Jones, and Hauser(1975)는 Lipset and Zetterberg의 가설을 재구성해 절대적 이동율 차원에서는 국가들 사이에 제법 이질적이지만 상대적 이동 차원에서는 국가들 사이에 큰 차이가 없다는 이른바 FJH 가설을 제시했다. 다시 말해, Lipset and Zetterberg는 절대적 이동이 현대 서구 산업 사회들 사이에 유사할 것이라고 예측한 반면에 FJH 가설은 절대적 이동이 아니라 상대적 이동의 국가 간 유사성을 예측했던 것이다. 발전 정도가 유사한 국가들 사이에서도 경제 발전의 역사나 유형에 따라 직업·계급구조가 다르고, 따라서 직업·계급구조와 밀접하게 연관되어 겉으로 드러나는(phenotypical) 절대적 이동은 국가들마다 다르지만, 한 사회의 저변에 깔린(genotypical) 상대적 사회이동 체제는 국가의 경제 발전 속도에 상관없이 유사하다는 주장이다.[19] FJH 가설은 다소 모호하지만 시장경제와 핵가족 체계를 가지는 사회들에서 이런 절대적 이동의 이질성, 상대적 이동의 동질성이 관측되리라고 예측했다.

이처럼 원래 국가 간 차이와 공통점에 초점을 둔 FJH 가설은 결국 한 사회 내에서는 산업화의 진전에 따라 직업구조가 달라지면 절대적 이동은 변화하지만 상대적 이동은 사회의 발전 정도에 상관없이 크게 변하지 않을 것이라는 예측으로 이어졌다. 다시 말해, 상대적인 사회이동으로 표현되는 기회의 불평등 구조는 경제 발전이나 심지어 교육 정책의 변화에도 아랑곳없이 상당히 지속적임을 FJH가설은 시사했다. 어떻게 보면 불평등을 해소하려고 도입하는 여러 사회 정책에도 불구하고 기회 구조의 불평등은 여전히 지속될 수 있다는 다소 절망적인 가설이기도 하다. 물론 FJH 가설에 반하는 증거도 있긴 했지만[20] 상대적 사회이동의 시계열적 추세를 살펴본 1980－90년대의 많은 연구들은 여러 국가에서 대체로 FJH 가설을 지지하는 결과를 보여 주었다.[21] 아울러 국가 간 비교 연구 역시 사회 발전 수준에 상관없이 많은 국가들이 크게 다르지 않은 수준의 상대적 사회이동을 보여주며 실제로 존재하는 국가들 간의 차이는 경제 발전 수준 같은 특정 거시 요인에 의해 체계적으로 설명되기 어렵다고 주장했다.[22] 경제 발전 수준이 다른 국가 간에 상대적 사회이동 수준이 비슷하다는 증거는 결국 한 사회 내의 발전에 상관없이 상대적 이동은 변하지 않고 그대로 남는다는 주장을 뒷받침해준다. 그만큼 불평등의 기회 구조를 드러내는 상대적 사회이동 체제는 경제 발전이나 특정한 정책에 의해 쉽게 변하지 않음을 드러내준다.

그런데 이처럼 세대 간 사회이동이 전반적으로 크게 변하지 않고 그대로 유지되고 있다는 1980-90년대의 경험적 연구 결과들은 비슷한 무렵에 나온 또 다른 연구 결과와 일맥상통한다. 세계 13개 나라에 걸쳐 부모의 계급이나 교육 수준이 자식의 교육 성취에 어떤 영향을 미치며 또 그러한 출신 계급이 교육에 미치는 영향력이 한 사회 내에서 시계열적으로 어떻게 변했는지 분석한 비교 연구에서 Shavit and Blossfeld(1993)와 그의 동료들은 20세기 동안 많은 국가들에서 일어난 교육 팽창과 또 여러 가지 교육 정책에도 불구하고 자식의 교육에 미치는 부모의 영향력은 대부분의 나라에서 줄지 않고 그대로 유지되었다고 밝혔다. 13개 나라 중에서 오직 스웨덴과 네덜란드에서만 부모가 자식의 교육에 미치는 영향력이 시계열적으로 점점 줄어든 추세를 보인다. 책 제목에서도 제시되어 있듯이 "지속되는 [교육] 불평등"(persistent inequality)이라는 테제를 제시한 이 연구는 "지속되는 세대 간 사회이동"이라는 FJH 가설과 연결되는 지점이 있다. 뒤에서 자세히 소개하겠지만 이 교육 불평등 비교 연구에서 사용된 방법론은 교육 팽창이라는 절대적 측면을 통제한 후 남는 출신 계급과 자식의 교육 수준 간의 연관성을 분석할 수 있게 한 것으로 세대 간 사회이동의 절대적 이동과 상대적 이동 간의 구분과 밀접하게 연결되어 있다. 하기야 세대 간 사회이동에 미치는 요소 중에서 교육이 가장 중요한 것 중의 하나라는 점을 생각한다면 교육에서의 지속되는 불평등과 지속되는 사회 유동성 간에 밀접한 관계가 있을 수 있다는 생각이 자연스럽게 든다.

이렇게 지속되는 세대 간 사회이동 테제가 오랫동안 지지를 받았지만, 2000년도 이후에 나온 세대 간 사회이동 연구들은 사회 유동성의 항상성을 예측했던 FJH 가설과 다소 배치되는 결과들을 보여주기 시작했다. 2004년도에 출간된 책에서 Breen과 그 동료들은(2004) 이전 연구들에 비해 질적으로 향상된 자료와 보다 최근의 자료들(주로 1970년대부터 2000년대까지 걸쳐 수집된 자료들)을 이용해 유럽 11개국에 걸쳐 사회이동의 추세를 조사한 후 FJH 가설을 반박하는 증거를 제시했다.

영국을 제외하고는 분석한 대부분의 유럽 국가들에서 상대적 사회이동이 증가, 즉, 사회 유동성이 증가했음을 밝혔다. 아버지 계급으로 대변되는 출신 계급이 도달 계급에 미치는 영향력은 최근에 올수록 약화되었다.

지속되는 세대 간 사회이동을 예측했던 FJH 가설이 지속되는 교육 불평등이라는 연구와 연계되었듯이 흥미롭게도 이처럼 사회 유동성이 여러 유럽 국가들에서 확대되었다는 결과는 이후 Breen 자신이 교육 불평등과 관련해 동료들과 행한 또 다른 연구 결과와 연결된다. 유럽에서 부모의 계급이 본인의 교육에 영향을 미치는 정도가 약화되어 왔음을 보여주면서 Breen과 그 동료들은 Shavit and Blossfeld(1993)의 "지속되는 불평등"에 반하는 "지속되지 않는 불평등"(non-persistent inequality) 테제를 제시했다.[23] 부모 계급에 따른 교육 불평등이 약화되어 왔다는 발견에 근거해서 유럽 여러 국가들에서 상대적인 사회이동이 증가되어 온 이유 중의 하나는 교육 불평등이 약화되어 왔기 때문일 수도 있겠다고 조심스럽게 언급했다. 최근에 Barone and Ruggera(2018)는 Breen과 그의 동료들이 행한 연구를 더 확장시켜 유럽의 26개 나라를 대상으로 교육 불평등이 1930-44, 1945-54, 1955-64, 1965-80년 출생자들 사이에서 어떻게 변했는지 연구했다. 그들의 연구에 따르면 유럽의 많은 나라들에서 본인의 교육 성취에 미치는 아버지 계급과 아버지 직업 지위, 부모의 교육으로 대변되는 부모의 영향력이 줄어들었다. 가장 최근의 두 코호트에 와서는 부모 효과의 감소가 더 이상 뚜렷하게 나타나지 않지만 전반적인 결과는 앞서 Breen과 그의 동료들의 결론과 비슷하게 부모의 영향력 감소로 요약된다. 저자들은 결론에서 "교육의 평등화는 전 유럽적인(European-wide) 추세"라고 강조한다.[24]

흥미롭게도 Breen과 그 동료들이 밝힌 1970-2000년대에 나타난 세대 간 상대적 사회이동의 증가는 이 기간 동안 많은 서구 국가들에서 그 정도와 속도는 다르지만 전반적으로 소득 불평등이 증가했다는 배경 속에서 나타난 것이다.[25] 이처럼 소득 불평등의 증가 속에서 세대 간 사회이동이 더 어려워지는 것은 아니라는 심지어 반대로 사회이동이 더 활발해지기도 한다는 증거들은 미국의 세대 간 사회이동에서도 나타난다. 미국에서 좀 더 근래에 출생한(1970-1982 출생) 코호트까지 포함해서 장기간의 상대적 이동 추세를 분석한 연구에 따르면 상대적 이동이 미미하게나마 증가해 왔다고 할 수 있거나 아니면 전반적으로 변화 없이 유지되어 왔다고 볼 수 있다.[26] 앞서 소개한 유럽 연구들처럼 이 연구 역시 미국에서 소득 불평등이 계속해서 증가해 온 시점에 세대 간 사회이동으로 표현되는 기회의 불평등은 약화되어 왔거나 혹은 전반적으로 변화가 없었음을 보여준다. 미국의 경우는 특히나 1970년대 이후 경제 불평등 증가가 어느 나라에서 보다도 두드러졌다는 점에서 세대 간 사회이동이 경제 불평등 증가 기간에 그 반대 방향으로 움직였다는 연구 결과는 경제 불평등 추세와 세대 간 사회이동의 추세가 잘 연결되지 않을 수도 있음을 경험적으로 보여준다.

Hout(2018)가 지적하고 있듯이 성장기에 심각한 경제 불평등을 경험했어도 그러한 세대가 자라서 자신들의 직업 경력의 최고점에 이르기까지는 상당한 시간이 지난다. 따라서 그러한 경제 불평등이 세대 간 사회이동에 미치는 영향은 다른 많은 요인들에 의해서 상쇄될 수도 있어서 경제 불평등과 세대 간 사회이동 간에 명확한 관계가 있을 수 없는 게 더 자연스러울지도 모르겠다. 계급 대신에 직업 지위를 가지고 세대 간 연관성이 어떻게 달려져 왔는지 살펴본 Hout(2018)의 연구도 세대 간 직업 지위 사이의 연관성이 1996년부터 2016년 사이에 그다지 달라지지 않았음을 보여준다. 물론 최근 들어 세대 간 사회이동이 더 어려워지고 있다는 연구 결과도 있어서[27] 한마디로 미국의 세대 간 사회이동 추세가 어떻다고 말하기는 힘들다. 그러나 이처럼 연구에 따라 다소 상이한 결과는 그만큼 세대 간 사회이동 추세가 경제 불평등 추세와 단순하게 연결되는 것은 아님을 드러내준다.

2) 어떻게 상대적 사회이동이 변하는가?

유럽과 미국에서 대체적으로 상대적 사회이동이 시계열적으로 증가했다는 경험적 증거 앞에서 여러 학자들은 그러한 변화가 어떻게 이루어질 수 있었는지 그 메커니즘 혹은 통로를 찾으려 했다. 많은 사회학 연구들이 여러 요소들 가운데 특히 교육과 세대 간 사회이동의 관계에 주목해왔다.[28] 따라서 세대 간 사회이동의 두 요소, 즉, 부모의 계급 위치와 본인의 계급 위치, 그리고 본인의 교육 이렇게 세 요소로 구성된 계층화의 삼각형 모형을 통해 상대적 사회이동이 어떤 요인의 변화로 인해 생겨날 수 있는지 논의할 수 있다. [그림 2.4]는 사회 계층론 분야에서 오랫동안 자주 언급되어온 계층화의 삼각형 모형이다.[29] 이러한 계층화의 삼각형 모형은 저자가 정인관 박사와 같이 출판한 한국 사회이동 추세에 관한 논문에서도 자세히 논의하였으며[30] 실제로 지금 이 책에서 소개되는 부분은 그 논문에서 논의된 내용을 바탕으로 한다. 계층화의 삼각형 모형은 그 밖의 여러 논문에서도 찾아볼 수 있다.[31]

[그림 2.4]는 부모의 계급(출신 계급), 본인의 교육 수준, 본인의 계급(도달 계급) 간의 관계를 나타낸다. 여기서 경로 A는 부모의 계급과 본인의 계급이 교육을 거치지 않고 직접적으로 연관되는 정도를 가리킨다. 부모가 하던 일을 자식이 계속해서 이어서 하는 경우가 있는 자영업의 경우를 생각해보면 경로 A를 이해할 수 있다. 자영업에 필요한 기술을 부모가 자식에게 직접 전수해 주는 경우 그러한 계급 세습이 정식 교육을 통한 재생산과는 구별될 수 있다. 사업체를 자식에게 물려주는 기업가의 경우도 이와 비슷하다. 직접 사업체를 물려주지 않더라도 특정 직업에 있는 부모가 사회적 연결망(social network)을 통해 자식의 직업 성취에 도움을 주는 경우, 또는 부모의 직업관, 직업태도, 성공 열망 같은 비인지적 역량(non-cognitive skills)이 자식에게 대물림

그림 2.4 교육과 사회이동의 모형

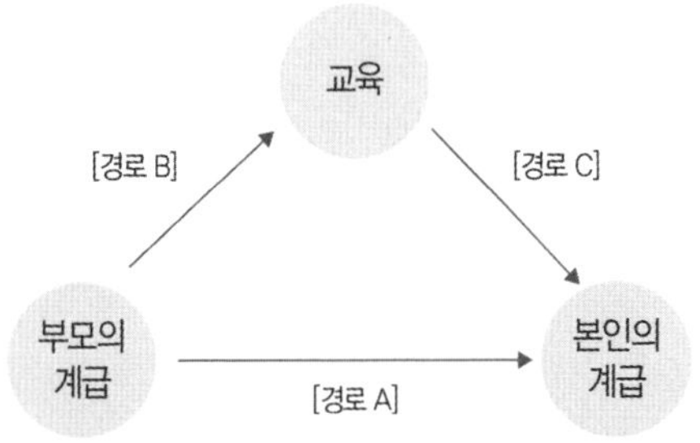

되는 경우도 해당된다.[32] 교육의 팽창과 더불어 교육이 계급 재생산의 중요한 메커니즘이 된 현대 사회에서[33] 이렇게 교육을 거치지 않고 직접 계급 대물림이 일어나는 경우는 점점 더 어려워지고 있겠지만 많은 사회에서 여전히 일정 정도 작동하고 있음을 부정할 수 없다.

반면에 경로 B는 부모의 계급이 본인의 교육 수준에 미치는 영향, 즉, 교육 불평등을 나타낸다.[34] 앞서 자세히 소개한 Shavit and Blosseld (1993)의 '지속되는 불평등' 논의나 Breen 등(2009)의 '지속되는 않는 불평등' 논의 모두 경로 B에 관한 것이다. 부모의 계급과 본인의 교육 간의 연관성에 미치는 많은 거시 수준의 요소들 가운데 사회학자들은 특히 교육 팽창의 효과에 관심을 가져왔다. 교육 팽창을 통해 예전보다 많은 사람들이 대학 교육을 받게 되고, 무엇보다도 예전에는 대학 교육으로부터 소외되었던 노동자 계급이나 농민 계급 출신들에게도 대학 교육이 개방되면서 부모의 계급이 자식의 교육 수준을 결정하는 정도가 줄어들 것이라는 예측이 얼마나 현실과 부합되는지 여러 나라와 시대에 걸쳐 비교하는 사회학 연구가 많다. 20세기 동안 많은 나라들에게 이루어진 세계적 현상에 가까운 대학 교육 확대는[35] 사회학자들에게 자연스럽게 교육 팽창이 교육 불평등에 미치는 효과에 주목하게 만들었다. 얼핏 대학 교육을 마친 사람들이 늘어나면서 교육 불평등이 줄어들었다고 생각할 수 있지만, 교육 팽창의 절대적 측면과 상대적 측면을 구별하게 되면 절대적인 고등 교육 이수자들의 증가에도 불구하고 상대적 교육 불평등은 변하지 않을 수 있음을 많은 연구들이 경험적으로 증명해왔다. 세대 간 사회이동에서 절대적 이동과 상대적 이동의 구분이 중요하듯이 교육 팽창과 교육 불평등의 관계를 파악하는 데 있어서 교육의 절대적 팽창과 상대적 불평등을 구분하는 것이 중요하다.

미국 사회학자 Mare(1981)은 교육 팽창은 교육 수준의 분포(distribution)와 관련되어 있는 반면에 교육 불평등은 교육 수준이 계급에 따라 어떻게 달리 배분(allocation)되는지에 관련된 문제라면서 그 둘을 명백히 구분할 것을 제시한 기념비적인 연구를 수행했다. 실제로 Mare(1981)는 이러한 교육의 두 측면이 세대 간 사회이동에서 직업 분포(즉, 절대적 이동)와 직업 성취 과정(즉, 상대적 이동)을 구분하는 것과 유사하다고 강조했다.[36] 방법론적으로 Mare(1981)는 흔히 교육 불평등을 분석하면서 학자들이 자주 사용하는 최종 교육 연수를 종속 변수로 하고 부모 계급을 독립 변수로 하는 OLS(Ordinary Least Squares) 회귀 분석은 교육 분포와 배분을 구분하지 못한다는 것을 증명했다. OLS 회귀 분석 계수가 코호트별로 작아진다고 해도 그것이 반드시 교육 불평등이 약화되어서 그런 것이 아니라 교육 팽창을 통해 단순히 더 많은 사람들이 많은 교육을 받게 되어서 생긴 것일 수 있다. 나아가, Mare(1981)는 교육 분포로부터 분리된 진정한 교육 불평등의 추세를 살펴보기 위해서는 특정 교육 수준을 졸업한 사람들 가운데 누가 다음 단계의 교육 수준으로 이동하는지 아니면 졸업한 교육 수준에 머무는지 분석하는 (조건부) 로지스틱(logistic) 회귀 모형이 적합하다고 주장했다. 여기서 조건부는 초등학교, 중학교, 고등학교, 대학교를 거치면서 매 교육 수준마다 더 이상 다음 단계로 나가지 않고 머무는 사람은 다음 단계의 분석에는 포함되지 않음을 가리킨다. 로지스틱 회귀 분석의 종속 변수는 다음 단계의 교육 수준으로 나가는지 여부인 로짓(logit), 즉, 승산의 대수(logged)이다. 따라서 이러한 승산에 미치는 독립 변수의 효과는 결국 승산비(odds ratio)가 되는데 이는 앞서 세대 간 상대적 사회이동을 측정하는 중요한 지표가 승산비라는 사실과 정확히 일치한다. 세대 간 사회이동이나 교육 불평등 모두 승산비를 통해 상대적 차이가 드러나는 것이다. 이러한 Mare의 연구는 이후 교육 불평등 연구의 중요한 모델이 되어 이후에 나온 '지속되는 불평등'의 Shavit and Blosseld(1993), '최대한으로 유지되는 불평등'의 Raftery and Hout(1993)를 비롯해 수많은 연구에 중요한 준거점이 되었다.

경로 C는 자식 세대에 본인이 성취한 교육이 도달 계급에 어떤 영향을 끼치는지에 관한 문제이다.[37] 흔히 말하는 학교로부터 노동시장으로 이행과 관련된 부분이다. 동아시아의 일본과 대만을 포함해 총 13개 나라에 걸쳐 교육과 직업·계급 간의 관계가 나라에 따라 어떻게 다른지 비교하면서 Shavit and Műller와 그의 동료들(1998)은 교육 체계가 얼마나 표준화되어 있고 계층화되어 있는지[38] 또 학교 커리큘럼과 학위가 얼마나 일반적인지 아니면 직업 특유의 기술과 자질을 잘 반영하도록 구체적인지 등에 따라 교육과 직업·계급 간의 연관성 정도가 나라마다 상이함을 밝혔다. 국가 간 차이뿐만 아니라 교육 체계와 노동시장의 특징들이 한 사회 내에서 시계열적으로 변할 수 있음을 생각하면 그러한 변화에 따라서 교육과 직업·계급 간의 관계가 한 사회 내에서 코호트에 따라 달라질 수 있음을 쉽게 예측할 수 있다. 이러한 제도적 특징들의 변화와 아울러 대학 교육이 급속하게 팽창할 때 교육과 직업·계급 간의 관계가 어떻게 변하는지는 사회학자들의 오랜 관심사였다. 인구의 전반적인 교육 수준이 늘고 특히 대학 교육을 받은 노동력이 늘어나고 이렇게 증가한 대학 졸업자의 수에 비해 직업 구조가 대학 교육 팽창 속도를 따라 가지 못할 때 같은 대학 졸업자라고 해도 예전 코호트에 비해 낮은 수준의 직종으로 떠밀려 내려갈 가능성이 많아지는 과잉교육(overeducation)의 문제 혹은 '학력의 인플레이션'(credential inflation)의 문제는 교육과 직업·계급 간의 관계에 관한 문제로 [그림 2.4]의 경로 C에 해당된다.[39]

경로 분석(path analysis) 모형을 따르면 [그림 2.4]의 세 경로로부터 부모의 계급과 본인의 계급 간의 전체 연관성 정도를 추정할 수 있는데 이는 부모와 본인 계급 간의 직접 연관성(A)과 부모의 계급－교육 경로와 교육－본인의 계급 경로의 곱(B×C)의 합이다: A＋(B×C).[40] 즉, 부모 계급과 본인 계급 간의 전체 연관성은 본인 교육 수준을 매개하지 않는 직접 경로(A)와 교육 수준을 매개로 하는 경로(B×C)의 합이다. 따라서 [그림 2.4]의 삼각형 모형을 통해 세대 간 사회이동에 있어서 교육의 역할이 얼마나 되는지 파악할 수 있다.

계급 대신에 직업 지위 점수를 이용해서 Blau and Duncan(1967)은 [그림 2.4]를 약간 확대시킨 계층화 모형을 개발했다. 저자들은 아버지의 직업뿐만 아니라 그들의 교육을 고려하고 또 아들의 현재 직업뿐만 아니라 첫 직업을 고려해서 세 변수의 [그림 2.4]보다는 복잡한 다섯 개 변수들 사이의 계층화 과정을 제시했지만, 결국 출신 계층[급]－교육－도달 계층[급]이라는 [그림 2.4]의 삼각형 모형과 다르지 않다. Blau and Duncan(1967)이 책에서 제시한 상관계수(correlation coefficient)와 경로계수(path coefficient)를 가지고 계층화 과정을 살펴보면, 아버지 직업 지위와 아들 직업 지위 사이의 전체 연관성(상관계수＝0.405) 가운데 56%가 교육을 통해 매개되는 연관성이고 44%만이 교육을 통하지 않고 아버지 직업으로부터 자식 직업으로의 직접 효과임을 알 수 있다.[41] [그림 2.4]에서 직업 지위가 세대 간 대물림되는 데 있어 경로 A가 보여주는 직접적인 세습이 아니라 교육을 매개로 한 아버지 직업 효과(즉, B×C)가 더 크다는 것을 경험적으로 보여준 것이다.

이는 현대 사회에서 교육이 계급 재생산의 중요한 메커니즘임을 시사한다.

그러나 Blau and Duncan이 계층화 과정 모형을 통해 보여주는 것은 교육의 재생산 효과뿐만 아니라 반대로 교육이 세대 간 사회이동을 촉진시키기도 한다는 것이다. 그들의 결과를 좀 더 자세히 살펴보면 아들의 교육연수와 아들의 직업 지위 간의 상관계수는 0.596인데, 이 상관관계의 대부분(86.9%)은 아들의 교육과 현재 직업 간의 직접적인 연관성이거나 아들의 교육이 첫 직업을 통해 현재 직업에 미치는 간접적인 영향으로 이루어졌음을 알 수 있다. 다시 말해, 아들의 교육과 직업 간의 연관성 가운데 아버지 직업이나 아버지 교육 때문에 생겨나는 연관성의 비중은 전체 연관성의 13.1%에 불과하다. 결국, 아버지 직업이나 아버지 교육 같은 부모 배경이 아니라 아들의 교육이 자신의 직업 직위를 결정하는 가장 중요한 요인이라는 발견이다. 아들이 높은 교육 수준을 성취한 이상 그의 직업 지위를 결정짓는 건 본인의 교육 수준이다. 물론 아들의 교육 수준 자체가 아버지 직업이나 아버지 교육 같은 부모 배경에 의해 영향을 받지만, Blau and Duncan은 아들의 교육 수준은 부모 배경이 아닌 여러 (관측되지 않은) 요인들에 의해서도 결정됨을 보여 주었다. 따라서 부모 배경이 아닌 다른 요인들에 의해 높은 수준의 교육을 받은 아들들에게는 자신들의 직업 지위를 결정짓는데 부모 배경과는 상관이 없는 본인의 교육이 중요한 역할을 하게 되는 것이다. 이는 교육이 계급 재생산의 메커니즘인 동시에 세대 간 사회이동을 촉진한다는 것을 말한다. 교육이 이처럼 모순되게 들리는 두 역할을—세대 간 계급 재생산과 사회이동—동시에 감당한다는 Blau and Duncan(1967)의 연구 결과는 현대 사회계층론의 핵심 발견 중의 하나이다.[42]

[그림 2.4]는 결국 부모 계급과 본인 계급 간 연관성, 즉, 상대적 사회이동이 시계열적으로 변하기 위해서는 세 경로 중의 하나가 변해야

한다는 것을 알려준다. 예를 들어, 앞서 소개한 유럽 여러 국가들에서 교육 불평등, 즉, 부모의 계급이 교육 성취에 미치는 정도가 줄었다는 Breen과 그의 동료들의 연구 결과는 경로 B가 약해져서, 다른 경로가 변하지 않았을 경우, 부모와 본인 계급 간의 전체 연관성이 낮아질 수 있었으리라 짐작하게 한다. 혹은 교육 수준의 급속한 팽창으로 교육이 본인 계급에 미치는 효과(경로 C)가 약해질 경우, 다른 부분이 변하지 않더라도 전반적인 부모－본인 계급 간의 연관성이 약해져, 사회이동이 증가할 수도 있다. 마지막으로, 경로 B와 경로 C가 유지되더라도 부모 계급이 본인 계급에 직접적으로 미치는 효과(경로 A)가 약화될 경우 전반적인 부모－본인 계급 간의 연관성이 약해질 수 있다.

그런데 몇몇 연구들에 의해 이 세 가지 경로가 변하지 않더라도 부모와 본인 계급 간의 전체 연관성이 변할 수 있는 또 다른 경로가 밝혀졌다. 보통 구성 효과(compositional effect)라고 불리는 요소이다. Pfeffer & Hertel(2015)가 자신들의 연구에서 자세히 설명하고 있듯이 이 구성 효과는 대학 졸업자들 사이에서는 부모와 본인 계급 간의 연관성이 아주 약하다는 사실에 기반을 둔다.[43] 부모와 본인 계급 간의 연관성 정도를 교육 수준에 따라 구별해서 살펴보면 그 연관성이 교육을 많이 받은(특히 4년제 대학) 사람들 사이에서는 무척이나 약하고(심지어 부모 계급이 더 이상 상관없을 정도로까지) 교육을 적게 받은 사람들 사이에서 상대적으로 강하게 나타난다는 것이다. 즉, 대학을 졸업한 이상 본인이 도달하는 계급에 부모의 계급이 그다지 영향력을 행사하지 못한다는 것이다. 이러한 결과는 결국 교육이 계급을 재생산하기도 하지만 동시에 계급 이동의 중요한 수단이 된다는 앞서 소개한 Blau and Duncan(1967)의 연구 결과와 일치한다. 대학 졸업장은 '위대한 평등기제'(great equalizer)라는 표현은 대학 교육이 계급 이동에 미치는 효과를 잘 표현한다.[44] 이렇게 대학을 졸업한 사람들 가운데에서는 부모와 본인 계급 간의 연관성이 미미할 경우, 대학 교육의 팽창에 따라 이런 대학 졸업자들이 인구에서 차지하는 비중이 점차 늘어나고, 이는 나아가 인구 전체적으로 부모와 본인 계급 간의 연관성이 낮아짐을 시사한다. 이런 효과를 구성 효과라고 한다.

구성 효과를 이해하기 쉽게 저자가 정인관 박사와 함께 출간한 논문에서 이미 소개한 예를 다시 설명하려고 한다.[45] 출판된 논문의 주석 #3을 그대로 인용한다. "예가 [구성 효과를 이해하는데] 도움이 될 것이다. 한 사회가 두 개의 교육 집단으로만 구성되어 있다고 가정하자. 1970년 전체 [성인] 인구의 20%는 대학 졸업자이고 80%는 대학을 졸업하지 못했다[고 가정하자]. 이전 연구들이 경험적으로 보여주고 있는 바를 따라, 출신 계급과 도달 계급 간의 연관성이 대학을 졸업하지 않은 사람들에 비해 대학 졸업자들 사이에서 더욱 낮다고 가정하자. 예를 들어, 출신 계급과 도달 계급 간의 연관성이 대학 졸업자들 가운데에서는 1이고, 대학 졸업장이 없는 사람들 사이에서는 10이라고 하자. 그러면 그 사회의 전반적인 출신 계급과 도달 계급 간의 연관성은 8.2가 된다(0.2×1+0.8×10). 40년이 흐르는 동안, 교육 팽창으로 인해 2010년 그 사회의 인구 구성은 대학 졸업자가 80%, 대학 졸업장이 없는 사람들이 20%가 되었다. 여기서 각각의 교육 집단 안에서 출신 계급과 도달 계급 간의 연관성이 1970년과 2010년 사이에 변하지 않았다고 가정하면, 2010년 이 사회에서 나타나는 전반적인 출신 계급-도달 계급 연관성은 2.8이 된다(0.8×1+0.2×10). 즉, 그 연관성이 1970년에 비해 한결 약화된 것이다. 이처럼 각각의 교육 집단 안에서 출신 계급과 도달 계급 간의 연관성이 전혀 변하지 않았음에도, 대학 졸업자의 비중이 늘어남으로써 전체 사회의 출신 계급-도달 계급의 연관성이 약화될 수 있다."

이처럼 [그림 2.4]의 계층화 삼각형 모형에서 경로 A, B, C 어느 하나 변하지 않더라도 대학 교육 팽창으로 인해 구성 효과가 나타나면서 전체적인 부모와 본인 계급 간의 연관성이 낮아질 수 있다(즉, 사회 개방성이 증대할 수 있다). 실제로 미국에서 1883년과 1982년 사이에 태어난 남성들을 여섯 개의 출생 코호트로 나누어 상대적 사회이동 추세를 분석한 Pfeffer and Hertel(2015)는 상대적 이동이 증가한 현상을 발견하고 이러한 부모 계급과 본인 계급 간의 전체적인 연관성의 약화(즉, 사회 개방성의 증대)는 전적으로 이 구성 효과에 따른 것임을 밝혔다. 이 결과는 이미 거의 20년 전에 구성 효과의 존재를 확인하고 구성 효과로 인해 미국에서 1972-1985년 사이에 아버지의 사회경제적 지위와 자식의 사회경제적 지위 사이의 연관성이 약화되었다는 Hout(1988)의 결과와 연결된다. 스페인에서도 1926년과 1981년 사이에 태어난 사람들 사이에서 세대 간 사회이동이 증가했으며(즉, 출신 계급이 도달 계급에 미치는 영향력이 줄어들었으며), 이러한 세대 간 사회이동 추세에 구성 효과가 어느 정도 영향을 미친 것으로 보고되고 있다.[46] 물론 세대 간 사회이동이 증가했다고 밝혀진 모든 사회에서 구성 효과가 그 추세에 중요한 영향력을 행사한 것은 아니다. 브라질에서처럼 상대적 이동이 증대했지만 이러한 추세에 구성 효과가 끼친 영향력은 미미한 경우도 있다.[47] 이처럼 구성 효과는 항상 세대 간 사회이동에 중요한 요소가 되는 것은 아니고 맥락에 따라 달라진다고 보여진다.

3) 한국 사회이동 추세에 관한 연구 검토

빠른 교육 팽창과 급속한 경제 발전, 또 그에 따른 상당한 정도의 직업구조 변화는 한국 사회에서 사회이동이 어떻게 변화해왔는지, 한국 사회는 점점 더 개방적이 되어 왔는지 하는 질문들을 자연스럽게 하게 한다. 특히 일제 식민지 시기와 한국 전쟁을 겪으면서 전 근대 사회의 신분질서나 계급구조가 상당한 변화를 겪었고, 이후에 세계에서 유례를 찾아보기 어려울 정도의 빠르고 대규모적인 교육 팽창을 겪은 한국 사회에서는 부모의 계급이 본인의 계급에 제한적인 효과만을 미쳤으리라 짐작하게 한다. 실제로 이 책 저자는 1990년에 수집된 데이터를 가지고 한국의 상대적 사회이동을 그 이전 시기이긴 하지만 영국, 프랑스, 스웨덴에서의 상대적 사회이동과 비교한 적이 있다.[48] 연구 결과에 따르면 실제로 한국 사회가 유럽 3개 나라와 비교해 더 개방적이었다. 물론 한국 사회가 상대적으로 개방적이었던 이유는 더 자세히 분석되어야 하겠지만, 적어도 1990년대 초까지 한국 사회의 기회 구조는 상당한 정도로 개방적이었음을 알 수 있다.

한국에서 세대 간 사회이동을 연구할 수 있는 자료 수집이 1990년대에 와서 본격적으로 이루어졌기 때문에 1990년대까지 세대 간 사회이동 추세를 살펴본 연구가 많지 않다. 앞서 소개한 저자의 연구는 1990년도 당시 세대 간 사회이동 정도를 살펴본 것인데 시계열적 추세는 전혀 살펴보지 않았다. 한국에서 1990년도에 이루어진 대부분의 세대 간 사회이동 연구가 자료의 한계 때문에 시계열적 추세는 특정 년도에 수집된 자료에서 몇 개의 연령집단을 나눠 세대 간 사회이동 유형이나 정도가 연령집단에 따라 어떻게 다른지 살펴보는 것에 머물렀다. 1991년도에 수집된 자료에 마르크스주의적인 계급 분류틀을 적용해 세대 간 계급 이동을 분석한 신광영(1994)의 연구는 그 대표적인 경우이다. 1991년도 자료에서 당시 18－31세, 32－44세, 45세 이상의 세 연령집단을 나누어 세대 간 계급 이동을 비교하였다. 전반적으로 세대 간 계급 이동은 이 세 연령집단에 따라 크게 다르지 않아서 사회이동의 지속성을 주장한 FJH 가설을 지지하는 연구 결과라고 할 수 있다.

장상수(1998)의 연구도 같은 방식으로 세대 간 사회이동의 시계열적 추세를 분석했다. 1990년도에 수집된 자료에서 당시 25－34, 35－44, 45－54, 55－64세의 네 개 연령집단을 나누어 세대 간 사회이동 정도가 연령집단에 따라 어떻게 다른지 분석했는데, 신광영(1994)의 연구 결과와 비슷하게 상대적 사회이동이 연령집단별로 다르지 않다는 모형이 가장 자료에 적합하다는 것을 밝혔다. 세대 간 사회이동이 크게 변하지 않았다는 것이다. 그런데 이처럼 한 시점에 수집된 횡단면

(cross-sectional) 자료로부터 연령집단을 구분해 세대 간 사회이동 추세를 살펴보는 연구 디자인은 추세를 살피는 데 다소 문제가 있다. 특히 개인들이 30세 이전에 획득하는 직업을 과연 그들의 최종 계급으로 정의할 수 있는가 하는 문제가 있다. 25-34세부터 시작한 장상수(1998)의 연구는 그래도 상대적으로 이 문제로부터 덜 영향을 받을 수 있겠으나 신광영(1994)의 연구에서는 가장 어린 연령집단이 1991년 조사 당시 18-31세에 해당하는 남성들인데 이때 측정된 계급이 이들이 30세를 넘어서 안정적인 직장을 갖게 되었을 때의 계급을 제대로 반영하지 못할 수 있다.

차종천(2002)의 연구는 다른 시점에 수집된 세 개의 횡단면 자료를 이용해서 세대 간 사회이동 추세를 살핀다는 점에서 한 시점의 횡단면 자료로부터 연령집단을 구분하는 연구들이 겪는 문제로부터 상대적으로 자유롭다. 그러나 사용된 세 개 자료가 각각 1990년, 1995년, 2000년도에 수집된 자료이어서 사실 각 연도에 포함된 샘플 사이에 출생코호트 면에서 상당한 겹침이 있어서 추세를 파악하는 데 어려움이 있다. 자료 사이에 시간적 간격이 너무 작아서 추세를 살펴보는 데 제약이 있다. 이런 제약 가운데에서 연구 결과는 1990년과 1995년의 상대적 이동은 비슷하나 2000년의 상대적 이동은 앞의 두 년도와 다소 차이가 난다고 보여준다. 이처럼 다른 연도에 수집된 횡단면 자료에서 노동 시장에 있는 사람들 전체를 대상으로 세대 간 사회이동표를 구성한 후 출신 계급과 도달 계급 간의 연관성이 여러 연도에 걸쳐 수집된 사회이동표를 따라 어떻게 달라지는지 살피는 연구는 외국의 사회이동 문헌에서는 제법 많다. 유럽 11개 나라에 걸쳐 주로 1970년대에서 2000년대 초까지 수집된 자료에 기반을 둔 사회이동표를 사용해 상대적 이동 추세를 분석한, 앞서 소개한 Breen과 그의 동료들(2004)의 연구가 이에 해당된다.

하지만 이처럼 세대 간 사회이동 추세를 기간(period) 사이의 변화로 살펴보는 관점이 과연 타당한가라는 질문이 있을 수 있다. 역사적 변화를 설명하는데 보통 기간 사이의 차이에 초점을 맞추는 시각과 코호트(cohort) 사이의 차이에 초점을 맞추는 시각이 있다.[49] 기간 효과는 외부의 변화나 충격이 한 시점에 존재하는 대부분의 연령집단에 두루 영향을 미칠 때 생겨나는 것이다. 반면에 코호트(cohort) 효과는 출생 시점이 다른 사람들이 다른 역사적 경험을 체험하는 데에서 기인한다. 스웨덴의 세대 간 사회이동을 분석하면서 Breen and Jonsson(2007)은 상대적 사회이동에 미치는 기간 효과와 코호트 효과를 비교해서 상대적 이동의 변화는 기간 효과에서 비롯되기보다는 주로 코호트 효과에 기인함을 드러냈다. 즉, 사회 유동성이 증가하는 것은 도달 계급에 미치는 출신 계급의 영향력이 상대적으로 작은 최근 코호트가 출신 계급의 영향력이 상대적으로 강했던 이전 코호트들을 대체하기 때문이다.[50] 물론 이에 반하는 증거들도 없지 않다. 예를 들어, 브라질의 세대 간 사회이동 추세를 분석하면서 Torche and Ribeiro(2010)는 브라질에서 사회 유동성이 증가한 현상은 주로 기간 효과라고 주장했다.

한국의 세대 간 사회이동 연구 중에서 코호트 접근법을 택한 연구는 그리 많지 않다. 계봉오·황선재(2016)의 연구는 드문 예외이다. 저자들은 2008년부터 2011년까지 각각 다른 출생 코호트의 정보를 수집한 자료를 사용해서 총 네 개의 출생 코호트(1943－55년, 1956－65년, 1966－75년, 1976－86)를 비교함으로써 세대 간 사회이동 추세를 파악하고자 했다. 한국 사회의 세대 간 사회이동과 관련해서 출판된 논문들 가운데 계봉오·황선재(2016)의 연구는 이 책에서 시도하는 분석과 가장 밀접하게 연관된다. 이 책은 기본적으로 코호트 접근법을 택한다. 그러나 계봉오·황선재(2016)의 연구가 '교육과 사회이동 조사'라는 한 자료에 의지한 반면에 이 책에서 시도되는 분석은 1990년대에 수집된 자료부터 현재까지 이용가능한 모든 자료를 취합하기 때문에 훨씬 큰 샘플을 이용해 안정적인 분석을 할 수 있으며 무엇보다도 10년 단위가 아니라 5년 단위의 일곱 개 코호트를 분석해서(1950-54, 1955-59, 1960-64, 1965-69, 1970-74, 1975-79, 1980-84) 더 정교한 시계열적 추세를 파악할 수 있다. 방법론적인 측면에서도 절대적 이동과 상대적 이동을 구분하고 상대적 이동을 위해 대수선형모형을 적용하는 등 이 책에서 시도하는 분석과 겹치는 부분들이 많이 있기 때문에 이 책의 분석 결과와 계봉오·황선재(2016)의 연구 결과가 어떻게 대비되는지 아래 분석 결과를 논의하면서 자세히 설명하겠다.

결론적으로 계봉오·황선재(2016)의 연구는 한국 사회에서 상대적 이동으로 표현되는 사회 유동성이 네 개 코호트 간에 크게 다르지 않다고 주장한다. 그러나 논문에서 제시하고 있는 대수선형모형 결과표를 보면 실제로 가장 간결한(parsimonious) 모형은 조건부 독립모형이다.[51] 이 모형은 출신 계급과 도달 계급의 분포가 코호트별로 다르다고 인정하지만 출신 계급과 도달 계급 간에 어떤 연관성도 없다는 모형이다. 이런 모형이 가장 간결한 모형이라는 결과 앞에서 저자들은 "표본의 수가 그리 크지 않고, 이론적으로 아버지와 자식의 직업지위가 독립적이라는 설명의 설득력이 떨어지기 때문"에 모형 선발의 기준으로 많이 사용하는 BIC 수치에 의존하지 않고 다른 기준에 입각해서 최적의 모형을 선택한다. 그러나 이처럼 조건부 독립모형이 가장 간결하다는 결과는 좀 더 설명을 요한다. 실제로 한국 사회에서 출신 계급과 도달 계급 간의 연관성이 그만큼 약할 수도 있다는 것을 의미하는지 아니면 정말로 표본 수가 작아서 생기는 문제라면 표본 수를 늘려서 자세히 살펴볼 필요가 있다. 아울러 코호트 사이에 변화를 인정하는 모형이 변화를 부정하는 모형만큼 데이터에 잘 맞는다는 결과 앞에서 변화를 인정하는 모형에서 얻어지는 구체적인 이동 추세 수치를 제공했으면 하는 아쉬움이 있다. 변화를 인정하는 모형에서 이동 추세가 혹 일관된 방향으로 움직였다면 한국 사회의 유동성이 일정 정도 계속해서 확대되어 왔거나 축소되어 왔다는 주장을 좀 더 직접적으로 검증

할 수 있었을 것이다.[52)]

지금까지 살펴 본 몇 안 되는 세대 간 사회이동 연구 대부분이 한국 사회에서 지난 몇십년 간의 빠른 산업화와 교육 팽창에도 불구하고 상대적 이동은 그다지 달라지지 않았음을 보여준다. 다른 시점에 다른 방식으로 수집된 자료를 가지고 서로 다른 대수선형모형을 연령집단과 코호트에 적용했어도 일관되게 상대적 이동의 지속성을 보여준 것이다. 물론 앞서 지적한 연령집단의 문제점이나 추세에 대한 좀 더 정교한 방법을 적용하지 못해서 과연 추세가 정확한지에 관해 의문이 있을 수 있다. 하지만 흥미롭게도 어떤 연구도 세대 간 상대적 사회이동이 더 어려워졌다는 것을 보여주지 못한다.[53)] 그런데 무슨 이유에서인가 2000년대 이후 세대 간 사회이동 연구가 그다지 이루어지지 않았다. 특히 경제 위기 이후 소득 불평등이 계속 증가하고 또 근래에 들어서는 청년들의 학교-직장 이행이 어려워지면서 더 이상 개천에서 용이 나지 않는다거나 계층 이동의 사다리가 끊겨다는 담론이 증대하고 있음에도 상대적 사회이동이 그간 한국 사회에서 어떻게 변화해왔는지 살펴본 경험 연구들이 별로 없다는 것이(계봉오·황선재 연구는 예외로 하고) 의아할 정도이다. 앞서 계속해서 강조했듯이 이런 주장들이 현실을 잘 반영한 것일 수도 있으나 사회이동과 관련해서 대부분은 절대적인 사회이동과 기회의 불평등을 나타내는 상대적 이동을 구분하지 못하는 문제점이 있다. 유럽이나 미국의 경험이 보여주듯이 팽배해 있는 인식과 달리 한국 사회에서도 상대적 이동 기회는 늘었거나 크게 변하지 않았을 수도 있다.

앞에서도 말했지만 계층이동 사다리가 끊겼다는 담론의 주 근거는 한국인이 점점 더 계층상승 이동 가능성에 대해 부정적이 되어간다는 사회의식 조사이다. 계층상승 이동 인식과 실제가 일치하는가 하는 문제는 잠시 잊더라도 계층상승 이동 가능성이 정확히 무엇을 가리키는지 생각해볼 필요가 있다. 개인들이 계층상승 이동 가능성을 말할 때

보통은 자신의 전 세대, 즉, 부모 세대와 비교했을 때 자신이 얼마나 상승 이동할 수 있는지, 혹은 자신의 세대를 중심으로 자기 자식 세대들은 얼마나 상승 이동할 수 있는지 생각한다고 한다면, 이것은 주로 직업구조의 변화에 따른 절대적인 사회이동에 관한 것이지, 내가 아닌 다른 사람의 상승 이동 가능성에 대한 비교를 포함하는 상대적인 사회이동에 관한 것이 아니다. 앞서도 언급했듯이 직업구조가 더 이상 크게 변하지 않을 때, 개인들은 상승 이동의 가능성이 적다고 인식하게 되며, 특히 교육 팽창을 염두에 둔다면 전 세대와 비교해 훨씬 상승 이동이 이루어지지 않고 있다고 인식할 수 있다. 비록 둘 간의 정확한 관계를 분석하지는 않았지만 계봉오·황선재(2016)는 이미 세대 간 사회이동 인식은 상대적 이동이 아니라 절대적 이동에 의해 주로 영향을 받는다고 추론하면서 세대 간 사회이동의 인식 변화를 잘 이해하기 위해서는 절대적 이동을 세심하게 살필 것을 제안한다. 이런 절대적 이동과는 구별되어 나의 출신 계급과 도달 계급, 다른 사람의 출신 계급과 도달 계급, 이렇게 네 개 계급을 동시에 고려하는 상대적 이동은 세대 간 사회이동 인식과는 다른 양상을 띨 수 있다.

최근 세대 간 사회이동 추세를 체계적으로 분석한 연구가 한국 사회학에서는 드문 반면에 경제학자들은 이 문제를 보다 심각하게 다루어 왔다. 직업을 중심으로 구성한 출신 계급과 도달 계급 간의 연관성으로 사회이동을 분석하는 사회학자들과는 달리 경제학자들은 주로 부모와 본인의 소득 간의 상관성을 세대 간 소득 이동의 정도를 나타내는 지표로 삼는다. 보통 경제학에서 세대 간 소득 이동 정도를 분석할 때 부모와 본인의 소득을 연속 변수로 삼아 세대 간 소득 상관성을 구하거나 혹은 로그(log) 소득을 회귀 분석해서 얻는 세대 간 소득탄력성(intergenerational income elasticity)을 통해 세대 간 소득이 얼마나 연관되어 있는지 살펴본다. 또 다른 방식으로는 부모가 부모 세대의 전체 소득 분포에서 어디에 위치해 있는지를 몇 개의 소득 분위로 나누고 마찬가지로 본인의 소득 분포를 몇 개의 소득 분위로 나누어 두 분위 집단 간의 교차표를 구성해 부모와 본인 소득 분위 집단 간의 연관성을 분석할 수도 있다. 이러한 세대 간 소득 분위 교차표는 출신 계급과 도달 계급 간의 교차표인 사회이동표와 비슷하다.

여기서는 최근의 경제학 연구들을 모두 검토하려는 것이 아니라 특정한 두 연구를 통해 세대 간 사회이동에 대한 경제학 연구들의 일반적인 특성을 살펴보려고 한다. 이경희 · 민인식(2016)과 오성재 · 주병기(2017)의 연구들은 세대 간 소득 이동에 관한 최근 경제학자들의 분석 경향을 보여준다. 이경희 · 민인식(2016)은 한국노동패널조사(KLIPS)를 사용해 부모와 자식을 연결한 후 세대 간 소득 이동성과 직업 이동성이 자식의 출생 코호트에 따라 어떻게 변했는지 살펴보았다. 오성재 · 주병기(2017)는 부모의 소득 변수 대신에 부모의 교육 수준과 (본인이 14세 무렵) 부모의 직업이 본인의 소득에 미치는 영향력을 분석해서 세대 간 소득탄력성을 분석하는 전통적인 경제학적 연구와는 다르다. 이 연구 결과는 계층이동 사다리가 끊겼다거나 개천에서 용이 나지 않는다는 언론 기사들로 보고되었다.[54] 다른 방법론에도 불구하고 두 연구 모두 최근 들어 본인의 소득에 미치는 부모의 경제, 사회적 변수의 영향력이 늘어났음을 밝히고 있다.

하지만, 이 두 연구 결과를 토대로 장기간의 세대 간 이동 추세를 파악하기는 다소 어려워 보인다. 두 연구의 기본적인 자료가 되고 있는 한국노동패널조사(KLIPS)는 기본적으로 1998년에 한국의 가구와 그 가구원을 대상으로 시작된 조사이다. 그 사이 계속 추적 조사해서 2018년까지 자료가 축적되었다고는 하지만, 이 자료에서 자녀가 30세 정도가 되어 안정적인 소득 변수를 갖게 되기에는 그 기간이 여전히 짧다. 예를 들어, 이경희 · 민인식(2016)은 1975년에서 1980년대 출생 코호트에서는 부모의 소득이 자식의 소득에 미치는 영향력이 줄어들다가 1980년 이후 출생 코호트부터 그 영향력이 증가한다고 보고하면서 (특히 그들 책의 <그림 4-4>를 참조할 수 있다), "비교적 최근에 태어난 청년층의 소득계층(소득분위)은 부모 소득계층에 더 많은 영향을 받는다는 것, 즉, 소득계층의 세대 간 대물림이 심화되는 것을 확인할 수 있다"고 주장했다(pp. 45-46). 그런데 1981년-1995년 출생한 자녀들 가운데 아직 30세에 이르지 못한 경우가 많아서 과연 30세 이전의 소득이 이들이 나중에 30세 이후에 갖게 될 소득과 얼마나 연관성이 있는지 의문이다. 오성재·주병기(2017)의 연구는 출생 코호트 대신에 연도별로 가족 배경 효과가 어떻게 달라졌는지 살펴보는 데 1998년에 시작된 한국노동패널자료를 사용하기 때문에 주로 2000년대의 추세를 살피는 데 그친다. 2000년 이후 소득기회불평등이 악화된다고 보고하지만, 1998년에서 2000년까지는 소득기회불평등이 개선되었던 추세여서 2000년 이후의 추세가 예전 1990년대의 소득기회불평등 수준으로 돌아가는 건지 아닌지 알 수 없다. 이럴 경우 긴 시점에서 보면 소득기회불평등이 일정한 추세 없이 변화를 반복한다고 보는 것이 더 맞을지도 모르겠다. 2000년대 이후 추세를 무시하려는 것이 아니라 이런 추세를 좀 더 장기간의 시점 안에서 살펴보는 것도 중요함을 지적하려는 것이다. 아울러 2000년대의 추세를 살피는 데 있어서 연도들이 크게 차이가 나지 않을 경우(예를 들어, 2003년과 2008년 혹은 2008년과 2014년을 비교하는 경우처럼) 기본적으로 겹치는 샘플들이 많게 되면서 과연 추세가 제대로 파악될 수 있는지 의문이다. 특히 출생 코호트가 상당 부분 겹치는 두 시점에서 소득기회불평등 지수가 다르다고 할 때 이 차이가 각 시점에서 겹치지 않는 나머지 코호트들 때문에 생기는건지 아니면 특정 시점에 일어난 어떤 효과 때문인지 파악하기 어렵다. 마지막으로 경제학자들이 살피는 세대 간 소득 이동은 사회학자들이 주목하는 세대 간 계급 이동으로서의 사회이동과는 구별되어야 한다. Breen과 그의 동료들(2015)은 스웨덴 자료를 이용해서 실제로 세대 간 소득 이동과 세대 간 (직업) 사회이동을 비교하면서 둘 사이에 정적인(positive)

관계가 존재하지만 그 관계는 상대적으로 약하다고 결론지었다. 나아가 계급과 소득 간의 관계나 부모 세대와 자식 세대 간의 연관성이 어느 정도나 되는지 등 여러 상황에 따라 세대 간 소득 이동과 세대 간 사회이동이 심지어 서로 다른 추세를 보여 줄 수도 있다고 주장했다. 따라서 세대 간 소득 이동과 사회이동을 구별해서 각각의 추세를 파악하는 작업이 시급하다.

CHAPTER

03

한국 사회의 세대 간 사회이동 추이

CHAPTER 03

한국 사회의 세대 간 사회이동 추이

CHAPTER 03

한국 사회의 세대 간 사회이동 추이

1. 분석 대상

이 책은 정인관·박현준(2019)[1]의 논문에서 드러난 연구 결과를 소개하면서 한국 사회에서 세대 간 사회이동이 1950년에서 1984년 사이에 태어난 성인 남성들 가운데 어떻게 변화했는지 보여주려는 것을 목표로 한다. 정인관·박현준(2019)의 연구 결과를 중심으로 논의를 전개하겠지만 그 논문에서 밝혀진 세대 간 사회이동 추세가 얼마나 믿을만한지 검토하는 차원에서 그 논문에서는 시도되지 않은 몇 가지 추가적인 분석을 시행할 것이다. 특히 사회이동 추세가 그 논문이 기반하고 있는 특정한 계급 분류틀 때문에 나타나는 건 아닌지 검토하기 위해서 그 논문에서 사용된 틀과는 다른 분류틀에 기반을 둔 추세를 아울러 살펴볼 것이다. 결론부터 말하자면, 정인관·박현준(2019) 논문에서 밝혀진 세대 간 사회이동 추세는 그들이 사용한 계급 분류틀에 국한하지 않고 다른 분류틀을 사용해도 비슷하게 관찰된다.

세대 간 사회이동 추세를 보기 위해 정인관·박현준(2019)은 한국에서 1990년대 초반부터 가장 최근까지 수집된 사회 조사 자료들 가운데 아버지 직업(과 고용형태), 아들 직업(과 고용형태), 아들의 교육 수준 이렇게 세 가지 핵심 정보가 담겨 있는 자료들을 모두 모아서 마스터(master) 자료 파일을 구축했다. 본인의 직업뿐만 아니라 부모의 직업에 관한 정보를 담고 있어서 계급에 기반을 둔 세대 간 사회이동을 분석할 수 있는 자료가 한국에서는 1990년대 초반에서야 본격적으로 수집되었다. 정인관·박현준(2019) 논문 별첨 부록 A에서 소개되고 있듯이 사용된 자료들로는 한국노동연구원에서 1998년에 조사를 시작하고 2009년에 샘플의 대표성을 보장하기 위해 새로운 샘플들을 보강한 한국노동패널조사(KLIPS), 한국교육개발연구원에서 2008년과 2011년 사이에 매년 조사한 교육과 사회이동 조사(EMS), 성균관대학교 서베이리서치센터에서 수집한 한국일반사회조사(KGSS)(주의할 점은 자식들이 어렸을 때 아버지 직업이 무엇이었는지 하는 정보가 있는 한국일반사회조사는 2009년 조사가 유일하다), 1996년에 수집된 동아시아 사회조사(EASS), 1990, 1995, 2000년 각 년도에 수집된 한국 사회 불평등과 공정성(IJKS) 자료들이 있다.[2)]

직업을 기준으로 계급을 정의하기 위해서는, 특히 그런 계급 구성이 시계열적으로 비교 가능하기 위해서는 직업 구분이 사회 조사 간에 일치해야 한다. 정인관·박현준(2019)의 연구에서 사용된 자료들이 직업 구분 방법에서 모두 정확히 일치하는 건 아니다. 따라서 사회 조사 간 직업 구분의 차이에서 오는 문제점이 제기될 수 있다. 하지만 저자들은 이 문제가 직업 정보를 이용해 사회학에서 많이 사용되는 EGP 계급 구분을 불가능하게 한다고 보지는 않는다. 아울러 개인이 직업을 바꿀 수도 있다는 점에서 어느 시점의 직업을 가지고 계급을 정의해야 하는지에 관한 문제도 있을 수 있다. 이런 복잡한 논의들은 정인관·박현준(2019)의 논문을 참조하기 바란다. 다만 여기서는 저자들이 분석 대상을 서베이 조사 당시 30−59세의 남성으로 제한했다는 사실만을 강조한다. 이렇게 나이를 30세 이상으로 한정한 것은 그 무렵이 되면 대부분 교육 커리어가 끝나서 개인의 최종 교육 수준이 변하지 않으며 30세 이후에는 직업 커리어 역시 상대적으로 안정적이 된다고 보기 때문이다. 물론 30세 이후에도 승진을 통해 한 직업 내에서 지위가 변하지만, 큰 범위 내에서 계급이 변할 정도로 성격이 크게 다른 직업을 갖게 되는 경우는 상대적으로 드물다는 것을 생각하면 30세 이후에 일어나는 변화는 출발 계급과 도달 계급 간의 연관성을 살피는 세대 간 사회이동 연구에서 그리 큰 문제는 아닐 수 있다. 예를 들어, 의대를 마치고 인턴, 레지던트, 전문의 과정을 겪는 의사들을 생각해보면 시간이 지나고 새로운 지식을 갖게 되고 새로운 경험을 축적함에 따라 지위가 달라지지만, 의사가 속하는 전문가 계급에서 벗어나지 않는 변화이다.

정인관·박현준(2019)은 여러 서베이 자료들을 한데 모아, 아들들이 언제 태어났는지를 기준으로 1950−54년 사이에 태어난 아들들부터 1980−84년 사이에 태어난 아들들까지 총 일곱 개의 5년 단위 출생 코호트를 구분했다: 1950−54, 1955−59, 1960−64, 1965−69, 1970−74, 1975−79, 1980−84.[3] 30세를 기준으로 하면 1950년대에 태어난 아들들은 주로 1980년대에 노동 시장에 있었던 코호트들이고 1960년대에 출생한 아들들은 1990년대에 노동시장에 있었고, 1970년대에 태어난 아들들은 2000년대에 노동시장에 있었던 셈이 된다. 가장 최근 코호트인 1980−84년 출생자들은 2010년대에 노동시장에 있었다. 다시 말하면, 1950년대와 1960년대 코호트들은 한국 경제가 빠른 속도로 발전하고 있었을 무렵에 노동시장에 있었던 반면에 1970년대 코호트들은 경제 위기 이후 한국 경제 침체, 재구조 과정, 불평등 증가라는 상황에서 노동시장에 나와 있었다. 이런 노동 시장의 차이와 아울러 교육 팽창 측면에서도 코호트 간에 차이가 존재한다. 대학 진학할 당시의 나이를 고려하고 또 1990년대 중반 이후 한국 대학 교육이 급속하게 팽창했음을 감안한다면 교육 팽창의 수혜를 제대로 누린 코호트는 1975년 이후 출생자들이라고 할 수 있다.[4)]

이들 일곱 개 코호트들 사이에서 아버지 계급으로 대변되는 출신 계급과 아들 계급으로 대변되는 도달 계급 간의 연관성이 어떻게 변했는지 분석함으로써 세대 간 사회이동의 추세를 밝히려는 것이 정인관·박현준(2019) 연구의 기본 목표이다. 많은 연구자들이 하듯이 저자들은 아버지 계급을 아들들이 어렸을 때 (흔히 14세나 15세 무렵) 아버지가 가졌던 직업과 그 직업의 고용형태를 기준으로 정의하고 아들의 계급은 서베이 조사 당시(혹은 서베이 조사 당시 직업이 없다면 바로 직전에) 30−59세에 해당하는 본인들이 가지고 있었던 직업과 그 직업의 고용형태를 기준으로 정의했다. Hout(2018)는 미국의 세대 간 사회이동에 관한 최근 연구에서 아버지와 어머니 직업을 모두 고려해서 출신 직업 점수를 구성할 때 아버지 직업만을 고려해서 출신 직업 점수로 할 때보다 부모−자식 간의 직업 연관성이 더 높다는 것을 밝혔다. 이런 연구는 더 이상 출신 계급을 아버지 계급만으로 한정 짓는 관습이 타당하지 않음을 시사한다. 하지만, 현재까지도 많은 사회이동 연구들이 여전히 아버지 계급만을 가지고 출신 계급을 정의하고 있으며 한국의 경우 많은 어머니들이 직업을 가지지 않았다는 점을 고려해서 아쉽지만 이 책에서는 출신 계급을 아버지 계급만으로 정의하는 관습을 그대로 따른다. 정인관·박현준(2019)의 연구에서도 마찬가지로 아버지 계급만이 고려되었다.

정인관·박현준(2019)이 논문에서 분명히 밝히고 있듯이 한국 여성들의 전반적으로 낮은 노동시장 참여율은 본인의 직업을 기반으로 한 계급 구성을 복잡하게 한다. 통계청에서 제시하는 여성경제활동인구 및 참가율 통계표를 보면 15세 이상 여성 인구 중에 경제활동에 참가하는 비율이 1995년에 48.4%이었다가 2005년에는 50.3%, 2015년에는 51.9%로 약간씩 상승하지만 여전히 거의 과반수의 여성이 경제 활동에 참여하지 않는 실정이다.[5] 따라서 정인관·박현준(2019)의 논문을 따라 이 책에서도 직업을 기반으로 한 계급 구성이 상대적으로 수월한 남자들만을 살펴본다. 다시 말해, 아버지 계급과 아들 계급 간의 세대 간 사회이동이 분석의 초점이 된다. 노동시장 참여율이 전반적으로 낮은 한국 여성들의 도달 계급을 어떻게 정의할지 또 출신 계급이 꼭 아버지 계급이어야 하는지 어머니 계급은 어떻게 정의할지 등은 보다 세심하고 정교한 논의와 분석을 요구하는 중요한 주제이다.[6] 아쉽지만 정인관·박현준(2019) 논문에서도 그랬듯이 한국 여성들의 사회이동은 다음 기회에 보다 심도 있게 논의해야겠다.

이 책은 기본적으로 아버지 계급과 아들 계급을 교차시킨 세대 간 사회이동표를 이용해 세대 간 사회이동의 추세를 밝힌 정인관·박현준(2019)의 분석 결과를 소개하는 것을 목적으로 한다. 하지만 그 논문에서 사용된 같은 자료를 사용해 논문에 포함되지 않은 몇 가지 새로운 분석을 시도했고 그 결과를 같이 덧붙여 소개한다. 특히 정인관·박현준(2019)의 논문은 상대적 이동에 초점을 맞추기 때문에 절대적 이동에 관한 분석을 상대적으로 소홀히 다루었다. 따라서 이 책에서는 절대적 이동에 보다 많은 관심을 할애한다. 더 나아가 앞서 이미 밝힌대로 정인관·박현준(2019)의 논문에서 시도된 분석들을 저자들이 사용한 계급 구분과는 다른 직업 구분을 이용해 시도해본다.

2. 계급 구성 변화

본격적으로 상대적 이동을 나타내는 출신 계급(아버지 계급)과 도달 계급(성인 아들 계급) 간의 연관성이 지난 30년간 어떻게 변했는지 살펴보기 전에, 일단 출신 계급과 본인 계급을 중심으로 한국 사회 계급 구성이 시계열적으로 어떻게 달라졌는지 살펴보기로 한다. 앞서 설명한대로 이 분석은 정인관·박현준(2019)에 나와 있는 내용들을 우리말로 옮기고 경우에 따라서 약간 해석들을 더한 것이다. 특히 그 논문에서 사용된 복잡한 통계 용어 대신에 가능한 일반적인 용어로 풀어 설명하려고 한다. 따라서 정확한 통계 분석 방법과 결과에 대해 더 알고자 하는 독자들은 원래 논문을 참조하면 좋겠다.

정인관·박현준(2019)의 연구에서 출신 계급과 도달 계급은 앞서 소개한 Erikson and Goldthorpe(1992)의 EGP 계급 모형을 이용해 총 여섯 개의 계급으로 구분된다. 원래 기존의 사회이동 연구에서 많이 사용되는 EGP 계급 모형은 일곱 개의 계급을 구분하나, 한국의 경우 자영업자로서의 농민과 구별되는 농업 노동자의 비율이 상당히 낮아서, 독자적인 계급으로 구분하기 어렵다. 따라서 농민과 농업 노동자를 같이 묶어 총 여섯 개 계급을 구분하는 모형을 사용한다: 1) 주로 전문직과 관리직에 해당되는 서비스 계급(service class: Class I+II), 2) 일상적 비육체노동자(routine non-manual workers: Class III), 3) 자영업자(Class IV*a*+*b*) (피고용자가 있을 수도 있고 없을 수도 있다), 4) 농민(농업노동자를 포함; Class IV*c*+VII*b*), 5) 숙련노동자(Class V+VI), 6) 비숙련노동자(Class VII*a*)를 말한다. 여기서 주로 전문직과 관리직을 가리키는 서비스 계급은 서비스업에 종사하는 노동자들을 가리키는 것이 아님을 주의할 필요가 있다. EGP 계급 구분에서 서비스 계급은 가장 상층 계급이다. 일상적 비육체노동자 계급은 주로 사무직이나 판매, 서비스 분야에서 일하는 일상적인 비육체 노동에 종사하는 사람들로 구성된다. 나머지 계급들은 굳이 설명이 없더라도 어떤 계급들인지 다소 분명하다고 생각된다.[7] 한국의 세대 간 사회이동 연구들 가운데에서는 장상수(1998)와 Park(2003)이 EGP 계급 분류틀을 사용했는데 특히 이 두 연구는 농민 노동자를 농민 계급과 구분해서 원래의 일곱 개 계급 모형을 따랐다. 계봉오·황선재(2016)의 연구는 이 책과 동일하게 여섯 개 계급으로 구분한 EGP 분류를 따랐다. 다만 저자들은 EGP와는 달리 서비스 계급을 그냥 '전문직'이라고 부르고 일상적 비육체노동자 계급을 '사무직'이라고 불러서 마치 직종 분류틀을 따른 것처럼 되어 있지

그림 3.1 출생 코호트별 아들 세대 도달 계급 구성

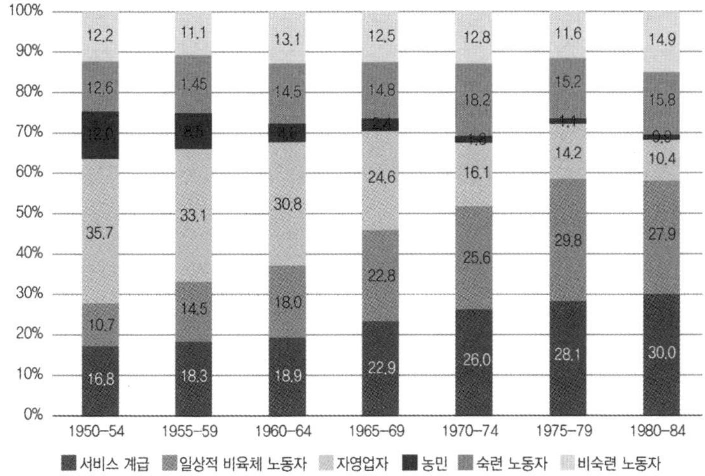

만 저자들이 밝히고 있듯이 EGP 계급 분류틀을 사용했다. 박병영·김미란·김기헌·류기락(2010)은 교육과 사회 이동 자료를 이용해 세 출생 코호트를 비교하는 보고서의 일부에서 계급 이동 추세를 살펴보는데 이때 여섯 개 계급의 EGP 계급 분류틀을 사용했다. 저자들이 농민이라고 명명하는 계급은 농업 노동자와 자영 농민을 합친 것으로 지금 이 책에서 사용하는 분류법과 동일하다.

정인관·박현준(2019)은 자신들의 논문 <표 1>에서 아버지 계급을 가리키는 출신 계급과 현재 본인 계급 구성비를 각각의 코호트별로 제시하고 있다. 저자들이 표에서 제시한 숫자들을 이용해 아들 세대 도달 계급 구성비가 코호트별로 어떻게 다른지를 쉽게 볼 수 있도록 그림으로 재구성해봤다. 위의 [그림 3.1]은 각 코호트별로 여섯 개의 도달 계급, 즉, 성인이 된 아들 세대의 계급이 어떻게 구성되어 있는지 보여준다. 저자들이 논문에서 직접 강조하듯이 가장 오래된 1950–54년 출생 코호트부터 가장 최근의 1980–84년 코호트에 걸쳐 눈에 두

드러지는 변화는 서비스 계급과 일상적 비육체노동자 계급의 증가이다. 이 두 계급은 주로 전문직, 관리직, 사무직, 판매직, 서비스직에 종사하는 사람들로 이루어져 있고 따라서 교육 팽창과 서비스 산업의 발전과 밀접하게 연관된 계급들이다. 이른바 화이트칼라 계급이라고 할 수 있는 이 두 계급은 계속 증가해서 가장 최근 코호트에 와서는 코호트의 반수 이상이 화이트칼라 계급에 속한다. 다만, 서비스 계급 비중은 작게나마 계속해서 증가한 반면에 일상적 비육체노동자 계급 비중은 계속해서 증가하다가 가장 최근 코호트(1980-84)에 와서는 그 증가세를 멈추고 그 이전 1975-79년 코호트에서 보다 약간 적다.

이렇게 계급구조에서 가장 지위가 높은 서비스 계급과 일상적 비육체노동자 계급의 비중이 늘어나는 동안 농민 계급과 자영업자 계급은 계속해서 줄어들었다.[8] 1950-54년 코호트 가운데에서는 36%로 가장 비중이 컸던 자영업자의 비중이 가장 최근 코호트에 와서는 농민 다음으로 비중이 적은 계급이 되었다(10%).[9] 30년 사이에 26% 포인트나 줄어든 것이다. 농민 계급의 경우 1950-54년 코호트에서는 12%를 차지했으나 계속해서 줄어들어 1980-84년 코호트에 이르면 농민은 거의 존재하지 않게 되었다. 그만큼 [그림 3.1]은 지난 30년간 한국 사회의 직업·계급 구조가 급속하게 변했음을 잘 보여주고 있다. 그러나 이처럼 네 개의 다른 계급들 비중이 크게 변하는 동안에 숙련노동자와 비숙련노동자의 비중은 크게 변하지 않았다.

3. 절대적 이동율

1) 총이동율, 상승 이동, 수평 이동, 하강 이동

앞서 살펴본 대로 지난 30년간 한국 사회의 도달 계급 구성은 급속하게 변했다. 그럼 이런 계급에 속하는 사람들은 어떤 출신들인가? 이 질문에 답하기 위해서 일단 앞서 설명한 절대적 이동의 여러 측면들을

표 3.1 계급 이동 구분

출신 계급	도달 계급					
	서비스 계급	일상적 비육체 노동자	자영업자	농민	숙련 노동자	비숙련 노동자
서비스 계급	1	4	4	4	4	4
일상적 비육체노동자	2	1	3	4	3	4
자영업자	2	3	1	4	3	4
농민	2	2	2	1	2	3
숙련노동자	2	3	3	4	1	4
비숙련노동자	2	2	2	3	2	1

1 – 계급 세습, 2 – 상승 이동, 3 – 수평 이동, 4 – 하강 이동

살펴보기로 한다. 앞서 설명했듯이 절대적 이동은 사회이동표상에서 출신 계급과 도달 계급의 주변부 분포가 어떻게 달라지는지에 따라 큰 영향을 받을 수 있다. 절대적 이동과 관련해서 여러 가지 지표를 구할 수 있는데 우선 총이동율과 세대 간 사회이동의 방향을 고려한 지표들을 살펴보기로 하자. 이런 지표들을 설명하기 위해 사회이동표를 구체적으로 분석해보자. [표 3.1]은 아버지 계급으로 대변되는 출신 계급과 본인 계급을 교차시킨 사회이동표이다. 각각의 행은 특정 출신 계급을 가리키며 각각의 열은 특정 도달 계급을 가리킨다. 여기서 번호 1에 해당되는 경우들은 사회이동표상에서 대각선에 위치한 경우들로 출신 계급과 도달 계급이 동일한 경우로 계급을 세습한 경우이다. 예를 들어, 맨 왼쪽 모서리에 있는 경우는 아버지가 서비스 계급이었고 본인도 서비스 계급인 경우를 말한다. 마찬가지로 오른쪽 맨 아래에 있는 경우는 아버지도 비숙련노동자 계급에 속했고 본인도 비숙련노동자 계급에 속하는 아들들에 해당한다. 이들은 말하자면 계급 불이동(immbolity)을

경험한 사람들이다. 반면에 나머지 대각선 밖에 위치한 경우들은 모두 본인의 현재 계급이 아버지 계급과 다른 경우들이다. 즉, 세대 간 사회이동(mobility)을 경험한 사람들이다. 이렇게 사회이동표의 대각선 밖에 위치한 사람들을 전체 샘플 수로 나누게 되면 이 수치가 바로 총이동율이라는 점을 이미 앞에서 설명했다.

여기서 이동의 방향을 논의하기 위해 특별히 여섯 개 계급을 그 위계에 따라 세 개 층으로 나눠볼 수 있다. Erikson and Goldthorpe에 따르면 계급 분류틀을 사용하는 학자들 입장에서 계급을 위계에 따라 일렬로 줄 세우기가 문제가 있지만 실제로 특정 계급에 속하는 사람들의 평균 직업 위세(prestige)나 사회경제적 지위(socioeconomic status)를 살펴보면 대략적으로 이런 위계 구조를 발견하게 된다.[10] 우선 서비스 계급은 상층을 이루며 그 다음으로 일상적 비육체노동자, 자영업자, 숙년노동자 세 개 계급은 중간층을 이룬다. 마지막으로 농민과 비숙년노동자 두 개 계급은 하층을 이룬다.[11]

이런 세 층으로 구성된 위계 구조하에서 상승 이동(upward mobility)은 중간층에서 상층으로, 하층에서 상층으로, 혹은 하층에서 중간층으로의 이동을 말한다. 예를 들어, 아버지가 일상적 비육체노동자 계급에 속했으나 본인은 서비스 계급에 도달한 사람들의 경우 중간층에서 상층으로의 상승 이동을 경험한 것이며, 아버지가 농민이었으나 본인은 서비스 계급에 도달한 사람들의 경우 하층에서 상층으로 상승 이동을 경험한 것이다. 마찬가지로 비숙년노동자이었던 아버지에 비해 본인은 숙년노동자가 된 경우 하층에서 중간층으로의 상승 이동이다. [표 3.1]에서 상승 이동은 번호 2로 표시된다.

이동이긴 하나 번호 3의 경우는 특정 위치에 속하는 계급에서 같은 층에 속하는 다른 계급으로 이동하는 경우로 수평 이동(lateral mobility)이라고 할 수 있다. 먼저 중간층에 속하는 세 개 계급 — 일상적 비육체노동자, 자영업자, 숙년노동자 — 안에서 일어나는 이동은 수평 이동이다. 예를 들어, 일상적 비육체노동자 아버지를 둔 자식이 자영업자가 되었을 경우, 혹은 그 반대의 경우 수평 이동을 경험한 것이다. 마찬가지로 하층에 속하는 두 계급—농민과 비숙년노동자—안에서 일어나는 이동 역시 수평 이동이다. 따라서 농민이었던 아버지에 비해 본인이 비숙년노동자가 되었을 경우도 수평이동이다. 같은 층 안에서의 이동이긴 하지만 다른 계급으로의 이동이라는 점에서 계급 불이동과는 분명히 구분되어야 한다.

마지막으로 번호 4의 경우는 위계가 낮은 아래층으로의 이동을 말하는 하강 이동(downward mobility)이다. 아버지 계급이 상층에 속하는 서비스 계급이었던 반면에 본인 자신은 일상적 비육체노동자, 자영업자, 혹은 숙년노동자로 중간층에 속하게 되었거나, 농민이나 비숙년노동자로 하층에 속하게 된 경우가 대표적인 하강 이동이다. 마찬가지로 중간층에 속하는 일상적 비육체노동자, 자영업자, 혹은 숙년노동자 계급 출신들이 하층에 속하는 비숙년노동자나 농민 계급으로 이동하는 경우도 하강 이동이다.

이처럼 지금까지 설명한 세 종류의 이동율—상승, 수평, 하강 이동—을 합하면 총이동율이 된다. 즉, 이 세 종류의 이동율은 사회이동표에서 대각선 밖에 있는 사람들을 이동의 방향에 따라 구분한 것이다. 여기서 과연 이처럼 여섯 개 계급을 총 세 개의 층으로 구분 짓는 것이 타당한가라는 질문이 있을 수 있다. 아울러 과연 일상적 비육체노동자, 자영업자, 숙련노동자 계급이 같은 층에 속한다고 할 수 있는지도 의문이 있을 수 있다. 그러나 여기서는 일단 이런 계급 위계 구분을 가정하기로 하자. 나아가 이동의 방향뿐만 아니라 이동의 거리를 고려해서 상승 이동과 하강 이동을 단거리 혹은 장거리 이동으로 더 세분화할 수도 있다. 예를 들어, 중층에서 상층으로, 하층에서 중층으로 이동하는 경우는 장애물을 하나만 넘는다는 측면에서 단거리 상승 이동이라고 할 수 있고, 하층에서 상층으로의 이동은 장애물을 두 개

그림 3.2 절대적 이동 추세

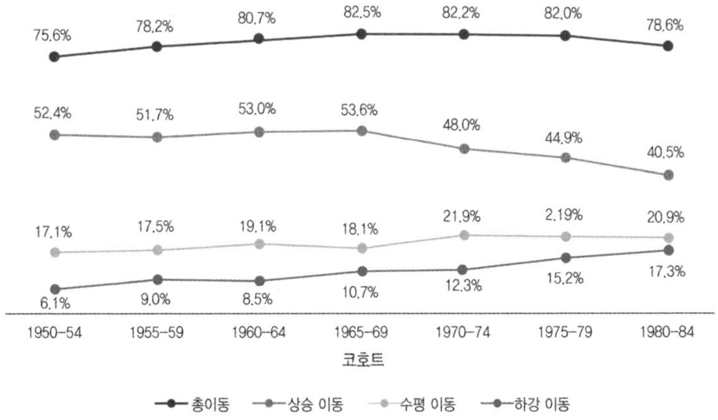

넘어야 한다는 측면에서 장거리 상승 이동이라고 할 수 있겠다. 마찬가지로 단거리 하강 이동과 장거리 하강 이동을 생각해볼 수 있다. 상승 이동 정도가 비슷한 두 사회라도 단거리 상승 이동에 비해 장거리 상승 이동이 상대적으로 활발한 사회와 그렇지 못한 사회의 불평등 구조는 다른 의미를 지닐 것이다. 이 책에서는 일단 방향만 고려해서 상승 이동, 하강 이동, 수평 이동만 살펴보도록 하겠다.

위 [그림 3.2]는 이렇게 절대적 이동의 네 가지 지표가 총 일곱 개 코호트별로 어떻게 달라졌는지를 보여준다. 그림 맨 위에 있는 갈색 선은 각 코호트별로 전체 대상자 가운데 출신 계급과 도달 계급이 다른, 대각선 밖에 위치한 사람들의 비율인 총이동율이고, 이어서 상승 이동율, 수평 이동율, 하강 이동율이 각 코호트별로 제시되고 있다. 갈색선으로 드러나는 일곱 개 코호트 각각의 총이동율은 정인관·박현준(2019) 논문에서 막대그래프 형식으로 이미 제시되었고 나머지 상승 이동, 수평 이동, 하강 이동은 여기서 새로 제시되었다. 갈색 선을 코호트별로 따라 가면 총이동율은 1950−54년 코호트의 75.6%부터 1965−

69년 코호트의 82.5%까지 점진적으로 계속 증가하다가 1965－69년 코호트를 정점으로 그 후로는 더 이상 증가하지 않고 가장 최근 코호트에 오면 78.6%로 줄어든다. 그러나 이런 추세 속에도 거의 열 명 중에 여덟 명은 여전히 자신의 아버지와는 다른 계급에 속한다는 사실도 강조해야겠다. 아울러 코호트별 추세가 그리 큰 폭에서 움직인 것이 아니라는 점도 분명히 하고 싶다. 총이동율이 가장 낮은 1950－54년 코호트의 75.6%와 가장 높은 1965－69년 코호트의 82.5%는 겨우 6.9% 포인트 밖에 차이가 나지 않는다.

이 총이동율의 가장 큰 부분은 상승 이동율이 차지한다. 예를 들어, 1950－54년 코호트의 경우 총이동율 75.6%은 상승 이동율 52.4%, 수평 이동율 17.1%, 하강 이동율 6.1%가 합쳐서 이뤄진 것이다. 흥미롭게도 이러한 상승 이동율은 1950－54년 코호트부터 1965－69년 코호트까지 큰 변화가 없다가 이후에 감소하기 시작해서 가장 최근 코호트인 1980－84년 출생자들 사이에서는 40.5%에 불과하다. 다시 말해, 열 명 중에 네 명이 자신의 아버지 계급보다 높은 위계에 속하는 계급으로 상승 이동을 경험했다. 정점을 찍었던 1965－69년 코호트의 상승 이동율 53.6%와 비교해보면 제법 큰 감소이다. 상승 이동율이 1965－69년 코호트 이후 계속해서 줄어든 반면에 하강 이동율은 처음 코호트부터 꾸준히 증가한다. 1950－54년 코호트의 경우 6.1%에 불과했던 하강 이동율이 이후 계속 증가해서 1980－84년 코호트의 경우 17.3%나 된다. 이처럼 상승 이동은 줄어들고 하강 이동은 늘어난 결과 상승 이동율과 하강 이동율 간의 차이 또한 줄어들어 최근 코호트에서 그 차이가 가장 작다. 상대적으로 큰 변화를 겪었던 상승 이동이나 하강 이동에 비해 수평 이동의 변화는 그다지 크지 않다. 1950－54년 코호트의 경우 17.1%였던 수평 이동률은 가장 최근 코호트에 와서 20.9%로 약간 늘어났을 뿐이다.[12)]

요약하면 [그림 3.2]는 그 전까지 점진적으로나마 늘어나던 총이동율이 1965－69년 코호트 이후로 증가세를 멈추고 심지어 가장 최근 코호트에 와서는 감소하는데 이러한 총이동율의 감소는 총이동율의 가장 큰 부분을 차지하는 상승 이동율의 저하와 하강 이동율의 상승이 맞물려 생긴 결과라고 보여준다. 그나마 하강 이동율이 늘어났기 때문에 총이동율의 감소 폭이 다소 원만할 수 있었다. 상대적으로 수평 이동의 변화는 그 변화폭이 적다. 이런 변화가 일어나게 된 원인을 본격적으로 살펴보기 전에 일단 먼저 확인해볼 수 있는 것은 이런 변화에 농민 계급의 축소가 얼마나 기여했는지 여부이다.

앞서 [그림 3.1]에서 도달 계급 가운데 농민 계급의 비중이 1950－54년 출생 코호트의 경우 12%였는데 1980－84년 출생 코호트의 경우 그 비중이 채 1%가 안 됨을 살펴보았다. [그림 3.1]은 도달 계급에 한정했지만, 출신 계급 가운데 농민 계급이 차지하는 비중의 변화를 살펴보면 그 감소 폭이 더 확실히 드러난다. 1950－54년에 태어난 아들들의 65%가 농민 계급 출신이었다. 아버지가 농민 계급에 속했던 한국 성인 남자들의 비중은 점점 줄어들어 1965－69년에 태어난 아들들의 경우 46%가 농민 계급 출신이었으며 가장 최근 코호트인 1980－84년에 태어난 아들들의 경우 13%만이 농민 계급 출신이었다. 농민 계급이 급속하게 줄었다는 것은 그만큼 농민 계급 출신 자녀들이 다른 계급으로 옮겨야만 했기 때문에 총이동율과 상승 이동율이 증가했을 수 있다(농민은 최하층에 속하는 것으로 구분했음을 기억하기 바란다). 따라서 사회이동표에서 출신 계급이 농민이거나 도달 계급이 농민인 경우들을 제외하고 나서 비농민 출신 계급과 비농민 도달 계급의 5×5로 구성된 새로운 사회이동표를 구성해서 절대적 이동 추세가 어떤지 살펴보면 [그림 3.2]에서 드러난 절대적 사회이동 추세에 농민 계급의 부침이 어떤 영향을 미쳤는지 추측할 수 있다. 물론 출신 계급이나 도달 계급이 농민인 경우를 제외할 경우 상대적으로 농민이 출신 계급이나 도달 계급에서 많은 비중을 차지했던 1950년대와 1960년대 코호트

그림 3.3 절대적 이동 추세 (농민 계급을 제외하고 나서)

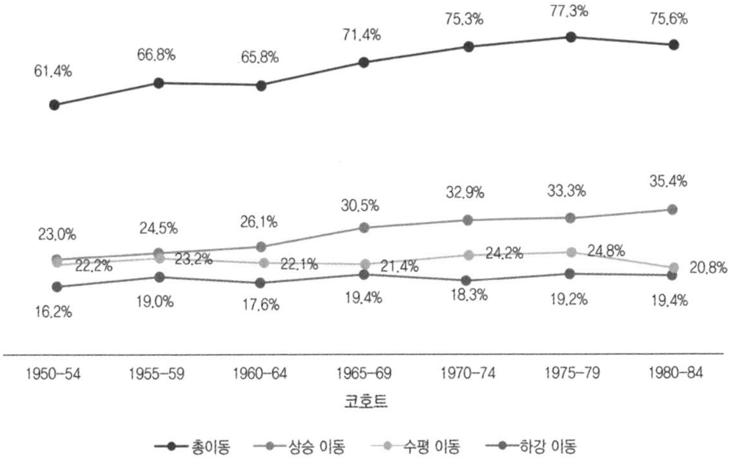

가 큰 영향을 받는다. 도달 계급 중에 농민이 별로 없고 또 출신 계급 가운데에서도 농민이 상대적으로 적은 최근 코호트에 비해 농민을 제외하게 되면 1950년대, 1960년 코호트들의 샘플 수가 그만큼 작아진다. 하지만, 그런 후에도 여전히 모든 코호트에서 적어도 샘플 수가 450명 이상이어서 그리 큰 문제는 없다.

위 [그림 3.3]은 출신 계급이나 도달 계급이 농민인 경우를 모두 제외했을 때 총이동율, 상승 이동율, 수평 이동율, 하강 이동율이 일곱 개 출생 코호트별로 어떻게 변했는지 보여준다. [그림 3.3]을 살펴볼 때 [그림 3.2]와 비교하면서 보면 좋겠다. 우선 1950년대와 1960년대 출생한 아들들의 경우 앞서 지적한 것처럼 그 이후 출생한 아들들에 비해 아버지가 농민이었던 경우가 훨씬 더 많아서 이처럼 출신 계급이나 도달 계급이 농민인 경우를 제외하고 총이동율을 계산하게 되면 농민 계급을 포함했을 때의 [그림 3.2]와 많은 차이를 보인다. 예를 들어, [그림 3.2]에서 1950-54년, 1955-59년 코호트들의 총이동율은 각각

75.6%와 78.2%이었다. 농민을 제외한 추세를 보여주는 [그림 3.3]에서는 그에 상응하는 총이동율이 61.4%와 66.8%로 [그림 3.2]와 비교해서 각각 14.2% 포인트, 11.4% 포인트 낮다. 1960-64년과 1966-69년 코호트 경우에도 상황이 비슷해서 [그림 3.3]에서 드러난 총이동율은 [그림 3.2]에서 드러난 총이동율에 비해 각각 14.9% 포인트, 11.1% 포인트 낮다. 이는 1950년대와 1960년대에 출생한 아들들 가운데 상대적으로 큰 비중을 차지했던 농민 출신들의 경우 다른 계급에 도달했던 경우가 많았던 만큼 이들을 제외하자 그만큼 총이동율이 줄어들게 된 것이다.

반면에 1970년 이후에 태어난 아들들의 경우 자신들이 직접 농민이 되는 경우가 훨씬 적었을 뿐만 아니라 아버지가 농민인 경우도 그 이전 세대보다는 훨씬 적어서 농민을 제외한 [그림 3.3]에서 드러나는 총이동율과 농민을 포함하는 [그림 3.2]에서 드러난 총이동율 사이에 그다지 큰 차이가 없다. 이러한 차이로 인해 농민을 제외한 경우 총이동율은 1975-79년 코호트까지 계속해서 상승하다가 가장 최근 코호트인 1980-84년 코호트에 와서 약간 감소한다. 이렇게 농민을 포함할 때와 제외할 때 생기는 차이가 1950년대와 1960년대 출생자들에서 크고 최근 코호트에서는 크지 않기 때문에 농민을 제외한 [그림 3.3]에서는 1950-54년 코호트에서 총이동율이 61.4%로 제일 낮고 1975-79년 코호트에서 77.3%로 가장 높다. 그래서 가장 높고 낮은 총이동율간의 차이가 15.9%로 농민을 포함했을 때의 6.9%에 비해 크다. 다시 말해, 농민을 제외할 때 총이동율이 코호트별로 더 큰 진폭에서 변한다. 결과적으로 농민 계급을 제외했을 때 총이동율이 상대적으로 최근 코호트까지 일관되게 증가한 추세가 관찰된다.

[그림 3.3]과 [그림 3.2]가 보여주는 다른 큰 차이는 상승 이동 추세이다. 농민을 포함하는 [그림 3.2]에서 상승 이동율은 1950년대와 1960년대 출생자들 사이에서 큰 변화가 없다가 1970년대 이후 출생자

들 사이에서 제법 줄어든다. 그 결과 가장 최근 코호트인 1980−84년 출생자들은 가장 낮은 상승 이동율을 보여준다. 하지만, 농민을 제외한 [그림 3.3]에서는 그 유형이 정반대이다. 계급구조에서 가장 낮은 지위를 차지했던 농민 계급을 제외하자 그만큼 상승 이동율이 줄어들어서 1950년대와 1960년대 출생자들의 경우 [그림 3.3]에서 드러난 상승 이동율이 [그림 3.2]에서 드러난 상승 이동율에 비해 현저히 낮다. [그림 3.2]에서 보듯이 농민을 포함했을 때 1950−54년 코호트의 경우 과반수가 상승 이동을 경험했으나(52.4%), [그림 3.3]에서 농민을 제외하면 겨우 그 코호트의 열 명 중에 두 명만이(23%) 상승 이동을 경험한 것으로 파악된다. 이런 차이는 이 코호트가 경험한 상승 이동의 많은 경우가 농민 출신들 때문이다. 이렇게 농민을 제외하면 1950년대와 1960년대 코호트에서 상대적으로 낮아지는 상승 이동율 때문에 일곱 개 코호트에 걸쳐서 전반적으로 상승 이동율이 꾸준히 증가하는 추세가 보인다. 그 결과 이제 농민을 제외한 [그림 3.3]에서 가장 높은 상승 이동율을 보여주는 코호트는 가장 최근 코호트인 1980−84년 출생자들이다. 농민을 포함한 [그림 3.2]에서는 최신 코호트가 가장 낮은 상승 이동율을 보여주었다. [그림 3.2]와 [그림 3.3]의 차이는 한국의 세대 간 절대적 이동에서 농민 계급의 급격한 축소를 제대로 고려해야 함을 시사한다. 특히 요 근래 사회이동 담론이 예전 세대에 비해 최근 세대의 상승 이동이 어려워졌음을 강조하는데 실제로 이러한 이미지는 1950년대와 1960년대 출생 코호트에서는 농민 출신이 많아서 생긴 것일 수도 있겠다. 즉, 최하층이라 할 수 있는 농민 출신이 많았던 이 세대들은 다른 계급으로 상승 이동할 기회가 많았기 때문에 이 세대에서는 상승 이동이 활발했다는 이미지가 형성될 수 있었는지도 모르겠다. 하지만 [그림 3.3]이 적절히 보여 주듯이 사실 농민을 제외하고서는 이후 출생 코호트에 비해 상승 이동이 많지 않았던 세대들이다. 즉, 최근 코호트들이 예전 코호트에 비해 상승 이동에 어려움을 겪고 있다는 담론은 농민을 제외하면 상승 이동이 지금보다도 더 낮았던 예전 코호트들의 경험을 제대로 포착하지 못한다.

1950년대와 1960년대 출생자들의 경우 농민 계급을 제외하자 그만큼 하강 이동도 상대적으로 많아져서 [그림 3.3]에서 드러나듯이 16%–19% 정도의 하강 이동율을 보여준다. [그림 3.2]에서 나타나는 농민을 포함했을 때의 하강 이동율이 6%–11% 정도였으니 제법 높아진 것이다. 이렇게 1950년대와 1960년대 출생자들의 하강 이동율이 높아지면서 하강 이동율은 일곱 개 코호트 걸쳐 전반적으로 큰 변화가 없게 된다. 이 또한 [그림 3.2]에서 나타난 하강 이동의 전반적인 증가와 다른 추세이다. 농민을 포함했을 때에는 가장 최근 코호트의 하강 이동율이 제일 높았지만, 이제 농민을 제외하자 더 이상 최근 코호트의 하강 이동율이 도드라지게 낮은 상황은 아니다. 실제로 1965–69년 코호트와 1975–79년 코호트는 비슷한 수준의 하강 이동율을 보여준다. 이 역시 최근 코호트가 예전 코호트에 비해 사회이동에 더 어려움을 겪는다는 요 사이 담론이 퍼뜨리는 이미지는 농민 출신들이 많았던, 그래서 상대적으로 하강 이동이 적었던 1950년대와 1960년대 출생 코호트의 경험이 지배한 것이 아닌가 생각한다. 마지막으로 수평 이동의 경우 [그림 3.2]에서처럼 농민을 제외해도 시계열적으로 큰 변화가 없다.

결론적으로 [그림 3.3]은 한국의 사회이동을 살펴보는 데 있어서 농민 계급의 축소를 중요하게 고려해야 함을 시사한다. [그림 3.2]에서 볼 수 있었던 최근 코호트로 올수록 상승 이동이 줄어들고 대신에 하강 이동이 늘어난 추세는 1950년대와 1960년대에 출생한 아들들이 계급구조에서 최하층에 속하는 농민 계급 출신들이 많아서 자연스럽게 상승 이동이 많았고 대신에 하강 이동이 적었던 상황을 반영한 것이다.[13] 최근 사회에 널리 퍼져있는 사회이동이 점점 더 어려워진다는 인식이 상대적 이동이 어려워지기 때문이 아니라 절대적 사회이동이 둔화되기 때문이라는 주장(예를 들어, 계봉오·황선재, 2016)에 동조하면서도 [그림 3.3]의 결과는 여기서 더 나아가 실제로 절대적 사회이동 역시 농민을 제외하고 고려하면 그렇게 둔화된 것도 아니라는 주장이 가능하다. 어떻게 보면 최근 코호트의 어려움을 강조하기 위해서 예전 코호트의 이미지를 재구성했다고 할까. 예전 코호트의 실체를 제대로 파악하지 못했기 때문에 생겨난 편파적인 이미지라고 할 수 있다.

2) 누가 화이트칼라, 블루칼라 노동자가 되었는가?

지금까지 절대적 이동율의 전반적인 변화를 이야기했는데 계급별로 좀 더 구체적으로 살펴볼 필요가 있다. 특히 여기서는 가장 상층 계급인 서비스 계급과 중간층에 속하는 일상적 비육체노동자 계급을 묶어서 화이트칼라 노동자 계급으로,[14] 또 두 개의 육체노동자 계급(숙련노동자와 비숙련노동자)을 묶어서 블루칼라 노동자 계급으로 정의한 후 화이트칼라와 블루칼라 출신들이 어떻게 화이트칼라, 블루칼라 노동자가 되었는지 살펴보기로 한다. 여기서 한 가지 유념할 점은 화이트칼라와 블루칼라 사이의 이동은 앞서 살펴본 상승, 하강, 수평 이동과는 구별되어야 한다는 것이다. 화이트칼라를 구성하는 서비스 계급과 일상적 비육체노동자 계급은 그 위계가 달라서 앞서의 분석에서는 같은 수준 간의 이동이 아니라 다른 수준 간의 이동으로 정의했었다. 즉, 서비스 계급 출신이 일상적 비육체노동자 계급이 되는 것은 하강 이동이고 반대로 일상적 비육체노동자 계급 출신이 서비스 계급에 도달하는 것은 상승 이동으로 정의했었다. 하지만, 화이트칼라 계급으로 정의할 경우 이 두 계급은 같은 계급이 된다. 마찬가지로 앞서의 분석에서는 숙련노동자 계급과 비숙련노동자 계급의 위계를 구별해서 이들 간의 이동은 상승 이동이거나 하강 이동이었는데 이제 두 육체노동자 계급을 같은 계급인 블루칼라 노동자 계급으로 정의하는 것이다. 따라서 화이트칼라와 블루칼라 계급 간의 이동은 앞서의 상승, 하강, 수평 이동 추세와는 다를 수 있음을 염두에 두어야 한다. 이렇게 앞서 살펴본 세 개의 위계 수준 구분에 따른 이동 추세와 다를 수 있음에도 불구하고 화이트칼라와 블루칼라 계급 간의 이동 추세를 살피려는 것은 화이트칼라와 블루칼라 개념이 일반인들에게 널리 인식되어 있기 때문이다.

[표 3.2]에서 제시되는 비율들은 각각 화이트칼라와 블루칼라 계급 출신들이 화이트칼라와 블루칼라 계급으로 이동한 비율, 즉, 각 계급별 유출률(outflow rate)이다. 예를 들어, 표의 가장 상단에 위치해 있는 1950-54년 코호트의 경우를 살펴보면 아버지가 화이트칼라 계급에 속했던 1950-54년 코호트 가운데 56%는 본인 자신 화이트칼라 계급에 속하며 오직 15%만이 블루칼라 계급으로 하강 이동했다. 표에서 따로 제시되고 있지는 않지만 총 유출율 100%에서 56%와 15%의 합을 뺀 나머지 29%는 화이트칼라도 아니고 블루칼라도 아닌 계급, 즉, 자영업 계급이나 농민 계급으로 이동했다. 블루칼라 계급 출신들 가운데에서는 31%가 화이트칼라 계급으로 상승 이동했으며 28%는 블루칼라 계급에 남았다. 나머지 41%는 화이트칼라도 아니고 블루칼라도 아닌 다른 계급으로 이동한 것이다. 표를 단순하게 하기 위해서 화이트칼라나 블루칼라 출신들이 화이트칼라나 블루칼라 계급이 아닌 자영업 계급이나 농민 계급이 되는 유출율은 표에서 제시하지 않았다.

화이트칼라 계급 출신이 본인 자신 화이트칼라 계급에 속하게 되는 비율은 1975-79년 코호트까지 일관되게 증가했다. 1950-54년 코호트의 경우 화이트칼라 계급 출신들 가운데 56% 정도가 본인 자신 화이트칼라가 되었는데, 그 비율이 1960-65년 코호트의 경우 62%, 그리고 다시 1975-79년 코호트의 경우 72% 정도까지 증가했다. 그만큼 화이트칼라 계급 세습이 늘어났다고 볼 수 있다. 그러나 가장 최근 코호트인 1980-84년 코호트에 와서는 비율이 약간 줄었다. 반면에 화이트칼라 계급 출신이 블루칼라 계급으로 하강 이동하는 비율은 뚜렷한 추세를 보이지 않는다. 가장 오래된 1950-54년 코호트의 경우 화이트

표 3.2 화이트칼라, 블루칼라 계급별 유출율(outflow rate)의 변화

1950-54 코호트	도달 계급	
출신 계급	화이트칼라	블루칼라
화이트칼라	0.557	0.150
블루칼라	0.309	0.277

1955-59 코호트	도달 계급	
출신 계급	화이트칼라	블루칼라
화이트칼라	0.579	0.158
블루칼라	0.279	0.313

1960-64 코호트	도달 계급	
출신 계급	화이트칼라	블루칼라
화이트칼라	0.619	0.123
블루칼라	0.369	0.364

1965-69 코호트	도달 계급	
출신 계급	화이트칼라	블루칼라
화이트칼라	0.670	0.135
블루칼라	0.446	0.330

1970-74 코호트	도달 계급	
출신 계급	화이트칼라	블루칼라
화이트칼라	0.701	0.171
블루칼라	0.530	0.333

1975-79 코호트	도달 계급	
출신 계급	화이트칼라	블루칼라
화이트칼라	0.717	0.169
블루칼라	0.517	0.335

1980-84 코호트	도달 계급	
출신 계급	화이트칼라	블루칼라
화이트칼라	0.694	0.231
블루칼라	0.547	0.342

칼라 계급 출신의 15%가 블루칼라 계급으로 하강 이동했는데 그 수치가 1965－69년 코호트의 경우 14%, 1965－79년 코호트의 경우 17%로 큰 변화가 없었다. 다만, 가장 최근 코호트(1980－84)에 와서 23%로 상대적으로 많이 늘었다.

초점을 옮겨서 블루칼라 계급 출신들이 화이트칼라 계급으로 상승 이동하는 비율과 블루칼라 계급에 남게 되는 비율의 변화를 살펴보면 우선 상승 이동 정도가 전반적으로 늘어났다. 앞서 설명했듯이 1950－54년 코호트의 경우 블루칼라 계급 출신들 가운데 31%가 화이트칼라 계급으로 상승 이동했는데 이 비율이 1960－64년 코호트에서는 37%, 1970－74년 코호트에서는 53%까지 늘어난다. 그러나 1970－74년 코호트 이후에는 그다지 변화가 없다. 즉, 화이트칼라 계급의 급속한 팽창으로 1970－74년 코호트까지는 계속해서 블루칼라 계급 출신들의 화이트칼라 계급으로의 상승 이동이 증가해오다가 1970－74년 코호트 이후에는 더 이상 뚜렷한 증가가 없다. 그럼에도 가장 최근 코호트인 1980－84년 코호트의 경우에 블루칼라 출신들의 반수 이상이 화이트칼라로 상승 이동을 할 수 있었다. 반면에 블루칼라 출신들이 블루칼라 계급에 남게 되는 비율은 코호트별로 크게 다르지 않다.

[표 3.2]가 보여주는 화이트칼라 계급과 블루칼라 계급의 유출율 추세를 종합해보면 우선 대략적으로 1970－74년 코호트까지 화이트칼라 계급 출신들이 화이트칼라 계급에 남거나 블루칼라 출신들이 화이트칼라 계급으로 상승 이동하는 경향이 늘어나다가 1970－74년 코호트 이후부터는 그런 화이트칼라 계급으로의 유출이 전반적으로 크게 변하지 않았다. 반면 화이트칼라 계급 출신들이 블루칼라 계급으로 하강 이동하거나 블루칼라 계급 출신들이 블루칼라 계급으로 남는 추세는 대체로 큰 변화가 없었다. 다만 가장 최근 코호트에서 화이트칼라 계급 출신들이 블루칼라 계급으로 하강 이동하는 경우가 이전 코호트에서보다 상대적으로 많아졌다.

지금까지 논의된 화이트칼라 계급의 사회이동과 관련해서 화이트칼라 계급이 서비스 계급뿐만 아니라 사무직, 판매직, 서비스직에 속하는 일상적 비육체노동자 계급까지 포함해서 너무 이질적인 직업들을 포함한다는 비판이 있을 수 있다. 따라서 이번에는 EGP 계급 분류틀에서 가장 상층에 속하는 서비스 계급에 국한해서 유출율이 어떻게 변했는지 살펴보기로 하겠다. 따로 표로 제시하지는 않지만 [표 3.2]와 같이 아버지가 서비스 계급에 속했던 아들들 중에서 얼마나 서비스 계급에 남는지를 계산해보면 1950-55년 코호트의 47%가 서비스 계급에 남았는데 그 비중이 계속해서 줄어들어 1965-69년 코호트에 이르면 38%가 된다. 1970-74년 코호트에 와서 44%로 약간 상승했다가 이후 큰 변화 없이 가장 최근 코호트에 와서는 43%가 된다. 전반적으로 일정한 방향성 없이 작은 진폭 안에서 비중이 변했다고 할 수 있다.

서비스 계급 출신이 서비스 계급에 남는 경우를 살피는 동시에 서비스 계급에 도달한 사람들 가운데 그 출신 배경이 무엇인지 살펴볼 수도 있다. 즉, 관점을 바꿔서 이제는 서비스 계급에 도달한 아들들 가운데 서비스 계급 출신은 얼마나 되는지, 다시 말해, 서비스 계급에 도달한 아들들 가운데 같은 계급인 서비스 계급으로부터 유입된 비율(inflow rate)은 얼마나 되지는 살펴볼 수 있다. 1950-54년 코호트에서 서비스 계급에 도달한 아들들 가운데 서비스 계급으로부터 유입된(즉, 자신의 아버지도 서비스 계급이었던 경우) 경우가 20%이다. 유입율의 추세를 보면 이후 여섯 개 코호트에서 각각 22%, 19%, 18%, 20%, 19%, 20%로 큰 변화가 없다. 결국 서비스 계급으로부터 서비스 계급으로 유출되는 경우처럼 서비스 계급으로 유입된 서비스 계급 출신들의 비중은 지난 30년간 큰 변화를 보이지 않았다.

앞서 서비스 계급 출신들이 서비스 계급에 남는 유출율 추세를 살피면서는 굳이 농민 계급 출신들을 제외한 추세를 따로 살펴볼 필요가 없었다. 서비스 계급 출신들 가운데에서 얼마나 서비스 계급에 남느냐

하는 문제에 농민 계급 출신 문제가 전혀 상관이 없었기 때문이다. 그러나 유입율은 달라서 서비스 계급에 도달한 아들들 가운데에는 여전히 농민 계급 출신들이 있어서 이 농민 계급 출신들을 제외하면 추세가 달라질 수 있다. 따라서 이번에는 서비스 계급에 도달한 아들들 가운데 서비스 계급 출신인 경우가 얼마나 되는지 살펴볼 때 농민 출신을 제외하기로 하자. 가장 최근 코호트로 올수록 상대적으로 아버지가 농민 계급이었던 아들들의 비중이 적어지기 때문에 농민을 제외할 때와 포함할 때 차이는 1950년대와 1960년 코호트에서 크게 나타난다. 농민 출신을 제외했을 때 1950–54년 코호트 중에서 서비스 계급에 도달한 아들들 가운데 37%가 서비스 계급 출신이었다. 이는 앞 단락에서 소개한 농민을 포함했을 때의 20%에 비하면 큰 차이이다. 이 세대에서는 원래 농민 출신들이 많았기 때문에 서비스 계급에 도달한 아들들 가운데에서도 많은 수가 농민 출신이었고 이제 그런 농민 출신들을 제외하면 서비스 출신의 비중이 올라가게 된다. 서비스 출신 비중은 그 이후로 계속 하락해서 1960–64년 코호트에서는 30%, 1970–74년 코호트에서는 26%, 가장 최근 코호트에서는 22%까지 하락한다. 다시 말해, 농민을 포함했을 때에는 서비스 계급에 도달한 아들들 가운데 서비스 계급 출신들의 비율이 크게 변하지 않았지만, 농민을 제외했을 때에는 그 비율이 계속 낮아진다. 즉, 서비스 계급 자체로부터 충원되는 비율이 낮아졌다. 다시 말해, 농민 계급을 제외하면 서비스 계급이 자체 계급으로부터 충원되는 비율이 계속해서 낮아지는 만큼 서비스 계급이 더 개방적이 되어간다고 할 수 있다. 최근 코호트 가운데에서 서비스 계급이 된 사람들 중에는 서비스 계급이 아닌 다른 계급으로부터 온 사람들도 많은데 이 정도가 예전 코호트보다 더 많아진 것이다. 이런 결과는 앞서 살펴본 상승 이동율과 하강 이동율처럼 예전 코호트에 비교해 최근 코호트가 상승 이동하는 데 더 어려움을 겪는다는 주장이 일면적임을 드러낸다.

3) 직업의 사회경제적 지수로 살펴본 절대적 사회이동

지금까지 전체 계급을 대상으로 총이동율과 상승·하강 이동율을 살펴보고 이어서 화이트칼라와 블루칼라 계급들의 유출율, 마지막으로 서비스 계급만 따로 구분해서 유출율과 유입율을 살펴보았다. 특히 각각의 절대적 이동율을 살피는 데 있어서 농민 계급을 포함할 때와 제외할 때 어떻게 추세가 다른지 검토했다. 이렇게 점점 계급 범위를 구체화시킨 까닭은 계급 범주가 너무 이질적인 직업들을 포함하기 때문에 구체적인 직업을 살펴보면 추세가 다를 수 있다는 비판 때문이었다. 서비스 계급 내에서도 더 세부적인 직업을 골라서 살펴볼 수도 있겠으나 그럴 경우 샘플 수가 너무 작기 때문에 의미 있는 추세를 분석하기가 어렵다. 대신에 마지막으로 한 가지 더 시도해보려는 것은 아예 계급 대신에 각각 직업의 지위를 숫자로 가리키는 사회경제적 지수(socioeconomic index)를 각각의 직업에 부여해 아버지 직업의 사회경제적 지수보다 아들 직업의 사회경제적 지수가 높을 경우를 상승 이동, 아버지 직업의 사회경제적 지수와 아들 직업의 사회경제적 지수가 같을 경우를 계층 세습, 아버지 직업의 사회경제적 지수가 아들 직업의 그것보다 높을 경우를 하강 이동으로 정의해서 상승 이동과 하강 이동의 시계열적 추세를 살펴보려고 한다.[15] 이질적인 직업을 한데 묶어서 계급을 구성한다는 비판을 벗어나기 위해 아예 여러 직업을 하나로 묶는 대신에 각각의 직업마다 사회경제적 지수를 부여해서 직업 간의 차이를 살펴보려는 것이다. 각 직업의 지위를 사회경제적 지수로 표시하는 작업은 Ganzeboom and Treman(1996)이 1988년 국제표준직업분류에 의지해 각 직업의 지위를 나타내는 국제 사회경제적 지수(international socio-economic index)를 개발했는데 이 지수를 이용했다. 이 지수는 국가 간 비교를 돕기 위해 비교 가능하도록 만들어졌기 때문에 한국의 자료에도 적용할 수 있다. 이 직업 지위 지수를 현재 이

그림 3.4 직업 지위의 사회경제적 지수에 따른 상승 이동과 하강 이동

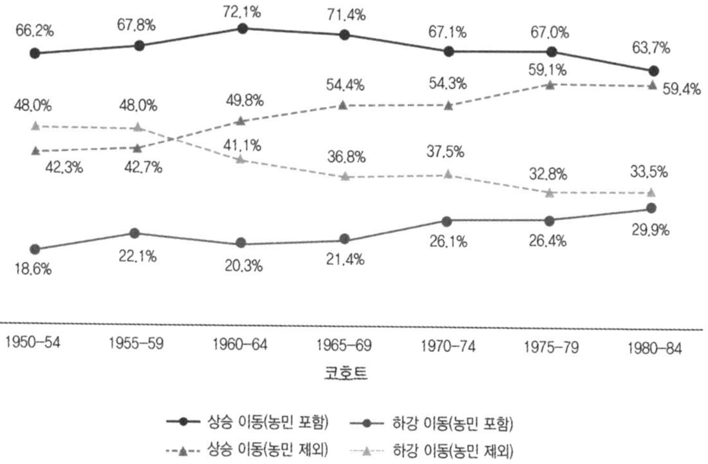

책에서 사용한 자료에 담겨 있는 아버지와 아들의 직업 각각에 부여했다. 그럼으로써 아버지와 아들의 사회경제적 위치는 계급이 아니라 직업 지위 지수를 통해 드러나게 되었다.

직업 지위 지수를 좀 더 설명해보겠다. 예를 들어, 대학 교수 직업의 사회경제적 지수는 77점이고 (간호사를 제외한) 보건 전문가 직업의 사회경제적 지수는 85점이다.16) 이 두 직업은 EGP 계급 분류에 따르면 모두 서비스 계급에 속한다. 하지만 직업 지위의 사회경제적 지수에 따르면 보건 전문가 직업이 대학 교수 직업보다 약간 높은 사회경제적 지위를 차지한다. 도서·우편 및 관련 사무원의 직업 지위 지수는 39점인 반면에 상점 판매원·선전원의 지위 지수는 43점이다. 이 두 직업은 EGP 계급 분류에서는 모두 일상적 비육체노동자 계급에 속한다. 자영업 농민의 직업 지위 점수는 23점이다. 이처럼 지수가 높을수록 직업 지위가 높다.

위 [그림 3.4]는 아버지가 가졌던 직업의 지위를 나타내는 사회경제

적 지수와 아들이 가졌던 직업의 사회경제적 지수를 대비해서 상승 이동, 하강 이동, 불이동으로 구분한 후 그 각각의 비중을 각 코호트별로 제시한다. 그래프의 가독성을 증대시키기 위해 불이동 비율은 제시하지 않는다. 상승 이동과 하강 이동의 합을 100에서 빼면 그것이 불이동 비율이 된다. 여기서 혼동하지 말아야 할 것은 불이동이란 반드시 아버지와 같은 직업을 가진 경우만을 지칭하지 않는다. 직업이 달라도 직업 지위 지수가 같은 직업을 갖게 되어도 불이동으로 구분된다. [그림 3.4]는 이런 상승 이동과 하강 이동 추세를 농민을 포함했을 때와 제외했을 때 따로 제시한다. 1950－54년 코호트를 예로 들어 자세히 설명해 보기로 하겠다. 농민을 포함했을 때 1950－54년 코호트의 66%는 자신의 현재 직업이 자신이 자라날 때 아버지가 가졌던 직업보다 지위가 높은 경우이다. 즉, 상승 이동을 경험했다. 반면에 19%는 아버지 직업보다 지위가 낮은 직업을 갖게 된 하강 이동을 경험한 경우이다. 나머지 15%는 아버지와 동일한 지위의 직업을 갖게 되었다. 다시 강조하지만 직업이 같지 않더라도 직업 지위 지수가 같은 경우도 이에 해당된다.

[그림 3.4]에서 상승 이동율은 1960－64년 코호트에서 정점을 찍은 후 서서히 하락하기 시작해 가장 최근 코호트까지 내림세를 계속한다. 가장 최근 코호트 가운데에서는 64%가 상승 이동을 경험해 일곱 개 코호트 중에서 가장 낮은 상승 이동율을 보여준다. 추세는 약간 다르지만 EGP 계급 분류를 따를 때에도 상승 이동이 1980－84년 코호트에서 가장 낮았던 [그림 3.2]와 일치한다. 물론 EGP 계급 분류를 따를 때에는 계급 안에 이질적인 직업들이 같이 포함되기 때문에 지금처럼 직업 지위 지수로 상승 이동을 정의할 때보다 상승 이동율이 전반적으로 낮을 수밖에 없다. 1965－69년 코호트 이후 상승 이동율이 계속 하락하는 대신에 하강 이동율은 1970－74년 코호트 이후 그 이전 코호트들에 비해 계속해서 증가했다. 그 결과 가장 최근 코호트의 경우

30%가 하강 이동을 경험했다. 첫 번째 코호트인 1950－54년 출생자들 가운데에서는 19%만이 하강 이동을 경험한 사실과 비추어 11% 포인트가 늘어난 것이다. 이런 추세는 앞서 EGP 계급 분류를 따를 때에도 비슷하게 관찰되었다. [그림 3.2]에서도 하강 이동율은 계속 상승해서 가장 최근 코호트가 가장 높은 하강 이동율을 보여주었다.

나아가 [그림 3.4]에서 하강 이동율의 상승 정도는 상승 이동율의 하락 정도보다 약간 커서 결과적으로 그림에서는 제시되어 있지 않지만 불이동율(즉, 아버지 직업 지위 지수와 아들 직업 지위 지수가 같은 경우가 차지하는 비율)은 꾸준히 하락했다. 앞서 이미 지적한대로 1950－54년 코호트의 경우 15%가 아버지 직업과 동일한 지위 지수의 직업을 가졌다. 이 불이동율은 1960－64년 코호트에서는 8%, 1970－74년 코호트에서는 7%, 1980－84년 코호트에서는 6%로 조금씩 줄어든다. 그만큼 아버지 직업과 지위 지수가 다른 직업으로 이동한 아들들의 비율이 많아 진 것이다.

이제 농민을 제외했을 때의 추세로 논의의 초점을 옮겨보자. [그림 3.4]에 나타나 있는 농민을 제외했을 때의 추세는 농민을 포함했을 때의 추세와 상당히 다르다. 우선 상승 이동율을 먼저 살펴보면 첫 코호트부터 계속해서 늘어난다. 1950－54년 코호트의 경우 농민을 제외하면 43%만이 상승 이동을 경험하였다. 이는 농민을 포함했을 때 이 코호트의 66%가 상승 이동을 경험한 것과 비교해 23% 포인트나 낮다. 그만큼 농민 출신들이 농민보다 높은 지위의 직업으로 상승 이동한 경우가 많았음을 드러낸다. 10년 후에 태어난 1960－64년 코호트의 경우는 50%가 상승 이동을 경험했고 다시 10년이 지난 후 1970－74년 사이에 태어난 아들들의 경우 54%가 상승 이동을 경험했으며 이런 상승 이동율은 가장 최근 코호트에 와서 59%까지 증가했다. 이처럼 일곱 개 코호트를 거쳐 꾸준하게 상승 이동율이 증가한 것은 1950년대와 1960년대 코호트의 경우 농민을 제외했을 때 그렇지 않았을 때보다 현저하게 낮은 상승 이동율 때문이다. 이런 추세는 흥미롭게도 EGP 계급 분류에서 농민 계급을 제외하고 살폈을 때 관찰할 수 있었던 추세와 일치한다. [그림 3.3]에서 볼 수 있었듯이 EGP 계급 분류에서 농민 계급을 제외했을 때 1950-54년 코호트의 경우 23%만이 상승 이동을 할 수 있었던 반면에 1960-64년 코호트의 경우 26%, 1970-74년 코호트의 경우 33%, 그리고 가장 최근 코호트의 경우 35%까지 상승 이동을 할 수 있었다. 이처럼 농민을 제외할 경우 직업 지위 지수를 사용하거나 EGP 계급 분류를 사용하거나 상승 이동이 계속해서 증가한 추세를 발견할 수 있다. 1950년대와 1960년대에 다수를 차지했던 농민 출신 아들들의 상승 이동 때문에 그들 코호트에서 상승 이동율이 높았던 것이지 사실 이들을 빼고 비농민 출신 아들들만 살펴보면 이후 코호트에 비해 상승 이동율이 오히려 낮았던 것이다.

상승 이동율의 꾸준한 증가와 함께 [그림 3.4]는 농민을 제외했을 때 하강 이동율이 꾸준히 하락했음도 보여준다. 1950년대에 태어난 두 코호트 모두 각 코호트의 48%가 아버지보다 낮은 지위 지수의 직업을 가졌다. 이 1950년대의 두 코호트에서는 상승 이동보다 하강 이동을 경험한 사람들의 비율이 더 높다. 하강 이동율은 꾸준히 낮아져서 1960-64년 코호트에서는 41%, 1970-74년 코호트에서는 38%, 198-84년 코호트에서는 34%가 된다. 가장 최근 코호트가 가장 낮은 하강 이동율을 보여준다. 이는 농민을 포함했을 때 가장 최근 코호트가 가장 높은 하강 이동율을 보여주는 것과 정반대이다. 이런 추세는 직업 지위 지수가 낮은 자영업 농민에서 더 낮은 지위 지수의 직업으로 하강 이동하는 경우보다는 그보다 더 높은 지위 지수의 직업으로 상승 이동하는 경우가 많았기 때문에 농민을 제외하면 그만큼 하강 이동이 많아지기 때문에 생긴다. 예전 코호트는 하강 이동을 덜 경험했다는 이미지는 농민을 제외했을 때는 실제와 잘 맞지 않는다. 실제로는 농민을 제외했을 때 1950년대와 1960년에 출생한 아들들은 이후의 어떤 코호트들보다 높은 하강 이동율을 보여준다. EGP 계급 분류를 사용해 농민을 제외했을 때 지금처럼 하강 이동율이 계속 증가한 것은 아니지만 농민을 포함했을 때 나타난 하강 이동율의 상승이 더 이상 보이지 않게 되었다([그림 3.3] 참조). 농민을 제외하자 그만큼 1950년대와 1960년대 코호트에서 하강 이동율이 높아졌기 때문이다. 이는 지금 [그림 3.4]에서 나타난 추세와 일치한다.

결국 지금까지의 분석들은 EGP 계급 분류를 사용하던지 아니면 각각의 직업마다 부여된 사회경제적 지수를 사용하던지 비슷한 추세를 보여준다. 농민을 포함해 모든 계급과 직업을 살펴볼 때에는 1970년 이후 출생한 아들들의 경우 그 이전, 특히 1960년대 코호트에 비해 낮은 상승 이동율을 보여주고 가장 최근 코호트인 1980－84년 출생자들은 일곱 개 코호트 중에서 가장 낮은 상승 이동율을 가진다. 이런 상승 이동율 하락의 거울 이미지처럼 하강 이동은 일곱 개 코호트에 걸쳐서 계속해서 증가해 가장 최근 코호트인 1980－84년 출생자들 사이에서 하강 이동율이 제일 높다. 이처럼 전반적으로 상승 이동이 점점 줄고 대신에 하강 이동이 점점 늘어나는 추세는 아마도 요사이 많이 논의되는 계급 이동 사다리가 걷히고 있다는 담론과 통한다. 하지만 여기서 잊지 말아야 할 점은 이런 추세에도 불구하고 가장 최근 코호트에서도 여전히 상승 이동율이 하강 이동율보다 높다는 경험적 사실이다. 더군다나 이런 추세는 농민을 제외하고 상승 이동과 하강 이동을 살펴보면 상당히 달라진다. 1950년대와 1960년대 출생자들이 상대적으로 높은 상승 이동율과 낮은 하강 이동율을 보여주었던 이유는 최하위층에 속하는 농민 출신들이 많았기 때문이다. 이들을 제외하고 나면 이들 세대의 상승 이동율은 농민을 포함했을 때의 상승 이동율보다 눈에 띄게 낮고 대신에 하강 이동율은 높아진다. 따라서 농민을 제외하면 상승 이동율이 일곱 개 코호트에 걸쳐 꾸준히 증가하고 하강 이동율은 꾸준히 하락하는 그런 추세가 발견된다. 즉, 계급 이동 사다리가 걷히는 것이 아니라 오히려 더 굳건해지는 추세이다. 이러한 발견은 지금까지의 한국 세대 간 이동 논의들이 농민 계급의 급속한 축소가 절대적 이동에 미친 영향에 대해 충분한 관심을 기울이지 못했음을 드러낸다.

4) 구조 이동(Structural Mobility)

지금까지 살펴본 절대적 이동에 관한 여러 지표들은 직업·계급구조의 주변부 분포에 의해 크게 영향을 받고 따라서 절대적 이동율의 변화는 직업·계급구조의 분포 변화와 관련이 있어서 반드시 사회 저변에 깔려 있는 기회 구조의 불평등이 변화된 정도를 반영하지 못한다. 절대적 이동을 넘어서 상대적 이동을 본격적으로 논의하기 전에 직업·계급구조의 분포가 출신 계급과 도달 계급 사이에 어떻게 변화했는지를 보여주는 Sobel, Hout, and Duncan(1985)이 고안한 구조 이동(structural mobility) 지표를 간략히 소개하고자 한다. 이 논의는 원래 교환 이동(exchange mobility)과 구조 이동(structural mobility)이라는 세대 간 사회이동의 두 가지 측면을 자세히 다루어야 하지만 여기서는 자세한 논의를 생략하고 구조 이동 지표만 간략히 살펴보는 선에서 다루기로 한다. 한국 사회에서 지난 30년간 아버지 세대와 아들 세대 간의 계급 분포가 어떻게 달라졌는지 검토하는 까닭은 지금까지 살펴본 절대적 이동율의 추세를 이해하는 데 도움이 될 수 있기 때문이다.

Sobel, Hout, and Duncan(1985)이 구조 이동 정도를 파악하는 방법은 구조 이동을 각각의 계급별로 살펴볼 수 있게 하는 장점이 있다. 즉, 사회이동표 전체에서 드러나는 출신 계급과 도달 계급 분포 간의 차이가 아니라 구체적인 계급이 세대 간에 얼마나 줄어들었는지 혹은 늘었는지 파악할 수 있게 한다. 구체적으로, 특정 계급의 구조 이동 지표가 0보다 크면 그 계급은 이전 세대에 비해 현재 세대에 그 크기가 커졌음을 의미하며, 반대로 구조 이동 지표가 0보다 작으면 그 계급은 이전 세대에 비해 현재 세대에 그 크기가 줄어들었음을 의미한다. 지

그림 3.5 Sobel, Hout, and Duncan 모형에서 추정되는 구조 이동 지표(EGP 계급 구분)

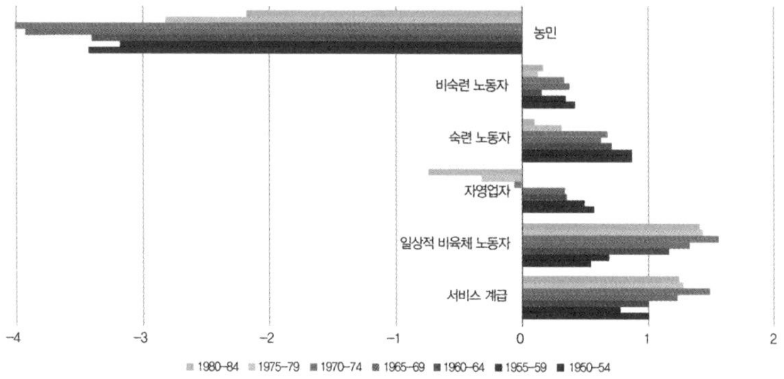

표가 0으로부터 양이나 음의 부호로 커지면 커질수록 계급의 크기 측면에서 이전 세대와 현재 세대 간에 차이가 크다. 여기서 말하는 구조 이동 지표는 Sobel, Hout, and Duncan(1985) 모형에서 추정되는 구조 이동 모수들의 자연대수(log) 값을 말하는데 여기서는 자세한 설명을 피하고 관심 있는 독자들은 그들의 논문을 참고하면 되겠다.

[그림 3.5]는 Sobel, Hout, and Duncan(1985)의 방법론을 적용해 얻은 각 계급별 구조 이동 지표를 보여준다. 그림을 자세히 보면 우선 농민 계급의 구조 이동 지표가 일곱 개 출생 코호트 모두 0보다 작음을 알 수 있다. 즉, 일곱 개 코호트 모두에서 도달 계급으로의 농민 계급의 크기는 아버지 세대의 농민 계급의 크기보다 현저히 작다. 반면에 서비스 계급의 경우 구조 이동 지표가 1955−59년 코호트부터(0.78) 1970−74년 코호트까지(1.49) 줄곧 늘어나다가 1975−79년 코호트(1.27)와 1980−84년 코호트에서는(1.24) 다시 약간 줄어든다. 이는 1955−59년 코호트부터 1970−74년 코호트에 이르기까지 아버지 세대에 비해 아들 세대에 서비스 계급이 계속해서 늘어났음을 의미한다. 이렇게 계속해서 늘어난 서비스 계급은 최근 두 코호트에서 와서는 그 증가 속도가 상대적으로 둔화되었다. 즉, 여전히 아버지 세대에 비해

아들 세대에 서비스 계급이 늘어나긴 했으나 그 증가 여부가 이전 코호트보다 더 크지는 않다. 특히 계속해서 증가 속도가 늘어나다가 1975년 이후 코호트에서 그 증가 속도가 줄어들었다는 것에 주목할 필요가 있다.

이처럼 구조 이동이 계속해서 늘어나다가 최근 코호트에 와서는 상대적으로 증가 속도가 줄어드는 추세는 서비스 계급과 같이 화이트칼라 계급으로 구분되는 일상적 비육체노동자 계급의 경우에도 비슷하다. 1950－54년 코호트에서 0.54이었던 구조 이동 지표가 1970－74년 코호트의 경우 1.56까지 계속해서 증가하다가 1975－79년 코호트에서 1.43으로 주춤하고 가장 최근 코호트인 1980－84년 코호트의 경우에는 1.41로 좀 더 줄어든다. 아마도 교육 팽창과 정보·지식에 기반을 둔 경제 체제로의 이행에 따라 직업 구조가 서비스 계급과 일상적 비육체노동자 계급의 팽창을 낳는 방향으로 이행하다가 이제 그런 직업 구조의 변화가 이전 코호트에 비해 덜 일어나고 있음을 반영하는 추세일 것이다. 뒤에서 좀 더 자세히 논의하겠지만 대학 교육 팽창이 특히 1975년 코호트 이후로 두드러졌던 추세는 서비스 계급과 일상적 비육체노동자 계급의 구조 이동 추세와 잘 연결된다.

구조 이동 지표가 커졌다가 줄어드는 추세를 보여주는 서비스 계급과 일상적 비육체노동자 계급과는 달리 자영업자 계급의 경우 1950－54년 코호트부터 계속해서 구조 이동 지표가 작아지는 추세를 보여준다. 그 추세가 계속되어서 심지어 최근 두 코호트에 와서는 음수 값을 나타낸다. 다시 말해, 최근 두 코호트의 경우 자영업자 계급의 크기가 아버지 세대의 자영업자 크기보다 작다는 것을 알 수 있다. 숙련노동자 계급의 경우도 일곱 개 코호트를 거쳐 전반적으로 구조 이동 지표가 작아진다. 자영업자 계급의 경우처럼 음수 값을 나타낼 정도는 아니지만 가장 최근 코호트인 1980－84년 출생자들 사이에서는 0에 가깝다. 다시 말해, 가장 최근 코호트에서는 숙련노동자 계급의 크기가 아버지 세대와 비교해 별로 달라지지 않았다. 결국 그만큼 이전 세대에 비해 자영자업자와 숙련노동자의 크기가 줄어든 것이다. 다소 변화가 들쑥날쑥하고 그 정도가 상대적으로 작지만 비숙련노동자 계급의 경우도 숙년노동자 계급과 전반적으로 비슷한 추세를 보여준다.

4. 상대적 이동

이제 절대적 이동이 아니라 상대적 이동으로 논의를 옮긴다. 앞서 말한 대로 상대적 이동 정도를 측정하기 위해서 사회학자들은 승산비(odds ratio)에 주목했고 이러한 승산비를 기본으로 하는 여러 가지 대수선형모형(log-linear models)을 세대 간 사회이동표에 적용해왔다. 승산비는 두 개의 출신 계급과 두 개의 도달 계급 간에 정의될 수 있는 것으로 현재 이 책에서 분석 대상이 되고 있는 6계급×6계급 사회이동표의 경우 총 (6−1)×(6−1)=25개의 독립적인 승산비를 구할 수 있다. 따라서 이런 25개의 승산비를 잘 요약할 수 있는 대수선형모형을 찾아 그 대수선형모형이 추정하는 출신 계급과 도달 계급 간의 연관성을 추정하는 것이 상대적 이동과 관련된 주요 분석 작업이다. 사회이동 분야의 수많은 연구들은 여러 대수선형모형 가운데 어떤 모형이 자료에 더 적합한지 파악한 후 그 모형이 드러내는 출신 계급과 도달 계급 간의 연관성 정도를 추정한다. 다시 강조하지만 대수선형모형이 나타내는 출신 계급과 도달 계급 간의 연관성은 주변부분포를 통제한 후 드러나는 순수한 연관성이다. 특히 여러 대수선형모형 가운데 어떤 모형이 자료에 더 적합한지는 적은 수의 모수(parameter)를 가지고도 간결하게(parsimonious) 자료를 충분히 설명할 수 있는지 여부를 따른다.[17] 모수가 많아지면 많아질수록 자료를 설명하는 정도가 늘어나겠지만 설명력의 증가는 그만큼 모수의 증가를 수반하는 것이어서 그 효과성을 따져야 한다. 출신 계급과 도달 계급 간의 연관성이 코호트에 따라 어떻게 달라졌는지를 파악하기 위해서는 우선 특정 대수선형모형을 설정한 후 일단 연관성이 코호트에 따라 변함이 없다고 가정하는 모형[18]과 연관성이 코호트마다 다르다고 가정하는 모형, 그리고 코호트마다 다르긴 하지만 그 다른 정도가 일정하게 연결되어(예를 들어, 매 코호트마다 같은 정도로 연관성이 늘거나 줄어든다고) 있다고 가정하는 모형 중에서 어떤 모형이 자료에 보다 적합한지를 판단한다.[19]

한 사회 내에서 출신 계급과 도달 계급 간의 연관성이 시간에 따라 어떻게 달라졌는지 파악하기 위해서 자주 사용되는 모형은 대수승법층효과모형(log-multiplicative layer effect model)이다. 이 모형에 관한 자세한 설명은 기존에 나와 있는 논문들을 참조하면 좋겠다.[20] 대수승법층효과 모형은 단일차이모형(uniform difference model)이라고도 불리며 정인관·박현준(2019) 논문에서도 이 모형에 관한 간략한 소개를 볼 수 있다. 기본적으로 이 모형은 출신 계급과 도달 계급 간의 연관성 정도를 비교의 기준이 되는 출생 코호트에서 1이라고 설정하고 비교 대상이 되는 다른 코호트들에서는 그 연관성 정도가 기준 코호트에 비해 얼마나 되는지를 통해 가늠한다.[21] 이 책에서 기준이 되는 출생 코호트를 1950-54년이라고 하면 이들의 출신 계급-도달 계급 연관성이 1이며 비교 대상이 되는 이후 코호트들이 1950-54년 코호트보다 더 강한 연관성을 가지면 1보다 더 큰 값을 가지고 더 약한 연관성을 가지면 1보다 더 작은 값을 가지게 된다.

정인관·박현준(2019)의 분석 결과에 따르면 1950-54년 코호트부터 1980-84년 코호트까지 30년 동안 출생 계급과 도달 계급 간의 연관성이 변하지 않았다고 가정하는 모형이 대수승법층효과모형보다 더 간결하기는 하다. 다시 말하지만, 대수승법층효과모형은 출생 계급과 도달 계급 간의 연관성이 코호트마다 다르다고 가정한다. 하지만, 대수승법층효과모형이 추정하는 각 코호트별 출신 계급-도달 계급 연관성이 선형적(linear)으로, 즉 정확히 같은 정도로 매 코호트마다 일관된 방향으로 바뀌었다고 가정하는 모형이 연관성이 변하지 않았다는 모형

그림 3.6 상대적 이동: 출신 계급과 도달 계급 간의 연관성(EGP 계급 구분)

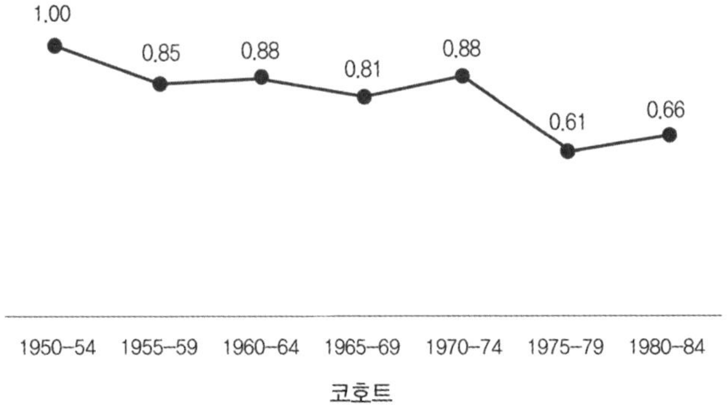

보다 적합도가 우수함을 보여주고 있다.[22] 따라서 대수승법층효과모형이 추정하는 각 코호트별 출신 계급과 도달 계급 간의 연관성 정도를 구체적으로 살펴보는 것이 좋겠고, 그러한 각 코호트별 연관성을 보여주는 것이 [그림 3.6]이다. 그림에서 나타나는 각 코호트별 연관성은 정인관·박현준(2019)의 논문 [표 2]에 제시되어 있으며 그들의 [그림 3]에서도 다른 수치들과 함께 볼 수 있다.

[그림 3.6]이 제시하는 시계열적 변화를 정인관·박현준(2019)은 그들의 논문에서 잘 정리하고 있다. 여기서는 그들의 논의를 간략히 요약하고자 한다. [그림 3.6]이 보여주는 가장 중요한 추세는 출생 계급과 도달 계급 간의 연관성이 전반적으로 감소했다는 것이다. 즉, 최근 코호트로 올수록 아들의 계급 달성에 미치는 아버지 계급의 영향력이 감소해왔음을 알 수 있다: 증가한 것이 아니다! 1950-54년 코호트 사이에서 드러나는 출생 계급과 도달 계급 간의 연관성을 1이라고 할 때 1955-59년 코호트의 연관성은 0.85로 1950-54년 코호트에 비해 15%나 감소했다. 그 이후로 1970-74년 코호트까지는 상대적으로 변화가 없다가 가장 최근의 두 코호트에 와서 다시 감소 폭이 크다. 계속

되는 감소 결과 출생 계급과 도달 계급 간의 연관성은 가장 최근 코호트인 1980-84년 코호트의 경우 1950-54년 코호트의 66%에 불과하게 된다. 다시 말하면, 30년이라는 시간이 흐르는 동안 출생 계급과 도달 계급 간의 연관성이 44%나 줄어든 것이다. 지난 30년간 아들이 특정 계급에 도달하는 데 있어서 아버지 계급이 미치는 영향력이 계속해서 줄어들고 사회이동 기회는 그만큼 늘어난 것이다. 한마디로 말해 한국 사회는 점점 개방적이 되어 왔다.

앞서 절대적 이동율 추세를 살펴보면서 농민 계급을 포함할 때와 제외했을 때의 추세가 다름을 확인했다. 출신 계급이 농민이거나 도달 계급이 농민인 모든 경우를 제외하고 새로 구성한 5×5 사회이동표를 가지고 [그림 3.6]의 결과를 낳은 분석을 해보면 농민을 제외하더라도 비슷한 상대적 이동 추세를 발견할 수 있다. 농민을 제외하면 오히려 그 추세가 보다 분명해져서 일관되게 출신 계급과 도달 계급 간의 연관성이 1975-79년까지 줄어든다. 출신 계급과 도달 계급 간의 연관성이 1950-54년 코호트에서 1이라고 하면, 1955-59년, 1960-64, 1965-69, 1970-74, 1975-79년 코호트 차례대로 0.96, 0.96, 0.83, 0.63, 0.60이다. 즉, 출신 계급과 도달 계급 간의 연관성이 1975-79년 코호트의 경우 기준이 되는 1950-54년 코호트의 연관성의 60% 밖에 되지 않는다. 그만큼 사회가 개방적이 되었다는 말이다. 가장 최근 코호트(1980-84)에 와서는 약간 증가하지만 여전히 0.65밖에 되지 않는다. 이러한 추세는 농민을 포함했을 때의 추세를 보여주는 [그림 3.6]과 매우 유사하다. 유일한 차이점이라면 [그림 3.6]에서는 1955-59년 코호트부터 1970-74년 코호트에까지 큰 변화가 없다가 1975-79년 코호트에 와서 연관성이 낮아지는데 농민을 포함하지 않았을 때에는 1965-69년 코호트에서 낮아지고 다시 1970-74년 코호트에서 더 큰 폭으로 낮아진다.

절대적 이동율을 살펴보면서 [표 3.2]에서는 화이트칼라와 블루칼라

그림 3.7 화이트칼라와 블루칼라의 2X2 사회이동표의 승산비(Odds Ratio)

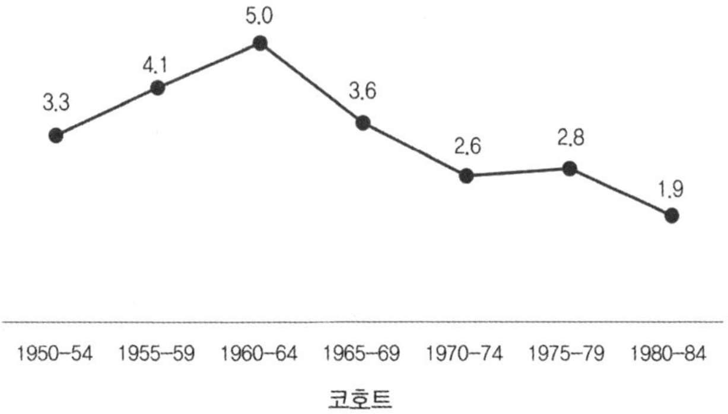

두 계급만 가지고 세대 간 사회이동을 살펴보았다. 마찬가지로 이 두 계급들로만 이루어진 사회이동표를 구성해 상대적 사회이동 추세를 살펴볼 수 있다. 앞서 설명한대로 화이트칼라 계급에는 서비스 계급과 일상적 비육체노동자 계급이 속하며 블루칼라 계급에는 숙련노동자와 비숙련노동자 계급이 포함된다. 이 두 계급만을 놓고 살펴보기 때문에 농민과 자영업자는 분석 대상에서 제외되고 따라서 자연스럽게 (자영업자와 함께) 농민을 제외했을 때의 사회이동 분석이 된다. 이렇게 두 계급만으로 이루어진 사회이동표는 결국 2×2 사회이동표가 되며 이럴 경우 복잡한 대수선형 모형을 적용하지 않더라도 각 코호트별 승산비(odds ratio)를 계산해서 상대적 사회이동 정도를 파악할 수 있다. 각 코호트의 2×2 사회이동표에서 계산되는 승산비는 화이트칼라 계급 출신이 블루칼라 계급으로 하강 이동하지 않고 화이트칼라 계급으로 남는 승산과 블루칼라 계급 출신이 블루칼라 계급에 남지 않고 화이트칼라 계급으로 상승 이동하는 승산의 비율이다. 이처럼 두 승산의 비율로 정의되는 승산비는 상대적 이동을 나타내는 지표가 된다.

위 [그림 3.7]은 각각의 코호트별 화이트칼라와 블루칼라 두 계급으로 이루어진 2×2 사회이동표에서 계산할 수 있는 승산비를 보여준다. 다시 말하지만, 승산비 값이 1에서 멀어질수록 출신 계급과 도달 계급 간의 연관성이 강하다. [그림 3.7]에서 나타나는 상대적 사회이동 추세는 [그림 3.6]에서 드러나는 여섯 개 모든 계급들로 이루어진 사회이동표에 복잡한 대수승법층효과 모형을 적용해 밝혀낸 상대적 사회이동 추세와 유사하다. 기본적으로 출신 계급과 도달 계급 간의 연관성은 약화되어 왔다. 물론 두 추세가 정확히 일치하는 것은 아니다. [그림 3.6]과 달리 [그림 3.7]에서는 1950년대 출생자들이 보여주는 연관성이 1960–64년 출생자들보다 약하고 가장 최근 코호트가 가장 약한 연관성을 보여준다. 하지만, [그림 3.7]에서 드러나는 연관성은 통계 모형이 아니라 사회이동표에서 바로 계산해낸 승산비이기 때문에 일치하지 않는 게 더 자연스러울지도 모른다. 구체적으로 설명해보자면 1960–64년 출생자들 사이에서는 화이트칼라 계급 출신들이 블루칼라 계급으로 하강 이동하지 않고 자기 자신 화이트칼라 계급이 되는 승산이 블루칼라 계급 출신들이 블루칼라 계급에 남지 않고 화이트칼라 계급으로 상승 이동하는 승산에 비해 다섯 배나 높다. 그만큼 출신 계급과 도달 계급 간에 강한 연관성이 있다는 것을 의미한다. 이런 승산비는 그 이후로 계속해서 작아지고 가장 최근 코호트에 와서는 1.9에 머문다. 어쨌든 약간의 차이를 무시한다면 모든 계급을 포함했을 때의 추세와 비슷하게 화이트칼라와 블루칼라 계급만을 살펴보는 경우에도 기본적으로 상대적 사회이동은 계속해서 증가했다고 할 수 있다.

이처럼 상대적 이동율의 측면에서 한국 사회가 점점 더 개방적이 되어 왔다는 연구 결과는 절대적 이동이 상대적으로 둔화되고 있다는 앞서의 결과와도(물론 농민을 제외했을 때에는 상승 이동율이 계속해서 증가하기 때문에 상대적 이동율의 추세와 비슷한 결과가 된다) 구분되고 무엇보다도 한국 사회에서 계층 이동의 사다리가 사라지고 있다는 일반적인 인식과는 극명하게 대비된다. 앞서 절대적 이동을 논의하는 자리에서는 화이트칼라 계급 출신들이 얼마나 화이트칼라 계급에 머물고 얼마나 블루칼라 계급으로 하강 이동하는지, 즉, 계급 유출율을 살펴보았다. 마찬가지로 블루칼라 계급 출신들의 블루칼라 계급으로 혹은 화이트칼라 계급으로의 유출율을 살펴보았다. 결과는 화이트칼라 계급 출신들이 화이트칼라 계급에 남거나 블루칼라 출신들이 화이트칼라 계급으로 상승 이동하는 경향은 1970−74년 코호트까지 전반적으로 증가하다가 이후 정체하고, 화이트칼라나 블루칼라 계급 출신들이 블루칼라 계급에 도달하는 경향은 가장 오래전 코호트부터 최근 코호트까지 큰 변함이 없다는 것이었다. 이러한 절대적 이동 추세는 지금까지 살펴본 상대적 이동의 확대 추세와는 일치하지 않는다. 절대적 이동이 크게 변하지 않는 가운데에서도 화이트칼라 계급과 블루칼라 계급 간의 상대적 이동은 점점 더 확대되는 방향으로 변해왔다. 다시 한 번 사람들의 사회이동 추세 인식과 실제 기회 구조의 개방성 추세는 일치하지 않을 수 있음을 잘 보여준다.

5. 직종을 중심으로 살펴본 사회이동

1) 직종 분포의 변화

지금까지 지난 30년간 한국 사회의 절대적, 상대적 이동 추세를 EGP 계급 분류를 따라 살펴보았다. 지금까지 밝혀진 사회이동 추세는 이런 계급 분류에 얼마나 영향을 받는가? 다른 계급 분류를 사용한다면 사회이동 추세가 달라질 수 있을까? 이 문제에 어느 정도 답하기 위해서 EGP 계급 분류가 아니라 흔히 언론과 일상에서 많이 논의되는 직종 분류에 따라 사회이동이 어떻게 달라져 왔는지 살펴보기로 한다. 특히 직업을 전문·관리직, 사무직, 판매·서비스직, 생산직, 농림어업직의 다섯 개로 크게 나누어 아버지와 아들 사이의 세대 간 사회이동을 살펴본다. 이런 직종 분류에서는 EGP에서 강조되었던 노동관계가 고려되지 않아 자영업자가 따로 구분되지 않음에 유의하기 바란다. 즉, 직종 분류에서는 자영업 상인과 남에게 고용되어 있는 판매직 사원 사이의 구별이 불가능하다. 아울러 생산직의 경우 기술 숙련 정도를 구분하지 않고 모두 같은 직종으로 구분한다. 관리직을 전문직으로부터 구분할 수도 있지만, 관리직에 속한 사람들의 숫자가 매우 적어서 전문직과 같이 묶기로 한다. EGP 계급 분류와 비교해 보면 이러한 전문·관리직의 대부분은 서비스 계급에 속한다. 판매·서비스직에 속하는 여러 직업들도 화이트칼라층이 될 수 있지만, 본 연구에서는 전문·관리직과 사무직을 같이 묶어서 화이트칼라층으로 부르기로 한다. 따라서 화이트칼라층 출신이라는 표현은 현재 성인인 아들이 14세 혹은 15세 때 아버지 직업이 전문·관리직 혹은 사무직에 속했던 경우들을 지칭한다. 마찬가지로 현재 화이트칼라층은 성인인 아들이 갖고 있는 현재 직업이 전문·관리직 혹은 사무직에 속하는 경우들을 지칭한다. 앞서 EGP 계급을 사용할 때 화이트칼라 계급이라는 표현을 사용했는데 이제 직종 분류에 기반을 두기 때문에 화이트칼라층이라는 표현을 사용하기로 하겠다.

이렇게 직종에 따라 사회이동을 살펴보는 이유는 직종 구분이 계급 구분보다는 일상에서 일반적으로 많이 사용되기 때문이다. 아울러 직종 구분은 통계청에서 사용하는 한국 표준직업분류와 비슷한 측면이 있다. 계급이라는 개념이 다소 학술적이라면 직종은 일상생활에서 많이 논의되는 만큼 특별한 설명을 요하지 않는다. 만약 직종에 따른 사회이동 추세가 EGP 계급 분류에 따른 사회이동 추세와 비슷하다면 이 책에서 보여주는 사회이동 추세가 그만큼 안정적임을 시사한다. 즉, 계급 혹은 직종을 어떻게 구분하는지에 상관없이 일관된 사회이동 추세가 나타남을 보여준다 하겠다.

우선 아들들의 직종 분포가 출생 코호트별로 어떻게 변했는지 [그림 3.8]을 통해 살펴보자. 예를 들어, 1950-54년에 태어난 성인 남성들의

그림 3.8 출생 코호트별 본인 직종 분포(%)

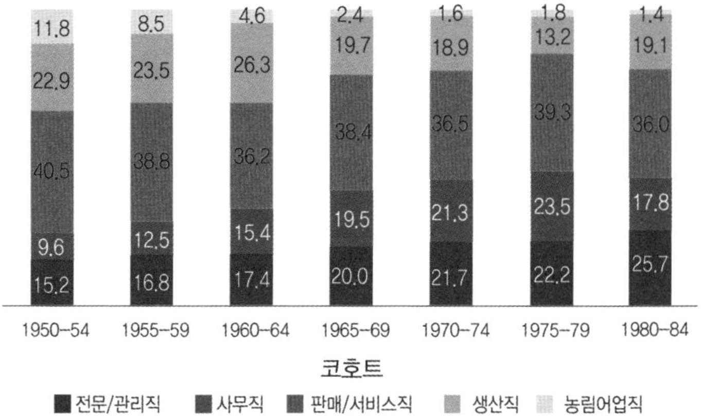

15%가 전문·관리직에 속하는 직업을 가진 반면에 10%는 사무직, 41%는 판매·서비스직, 23%는 생산직, 12%는 농림어업직에 속하는 직업을 가졌다. 반면에 가장 최근에 출생한 1980−84년 코호트의 경우 26%가 전문·관리직, 18%가 사무직, 36%가 판매·서비스직, 19%가 생산직, 그리고 오직 1%만이 농림어업직에 속한다. 30년 사이를 두고 전문·관리직과 사무직을 동시에 가리키는 화이트칼라층의 비율이 25%에서 44%로 증가한 반면에 농림어업직에 속하는 성인 남성들의 비율은 12%에서 1%로 줄었다. 반면에 판매·서비스직과 생산직의 변화는 상대적으로 적다. 이러한 직종 변화는 교육 팽창과 함께 한국 경제가 전문·관리직과 사무직의 화이트칼라층이 중심이 되는 구조로 변화해왔음을 잘 보여준다. 다만, 한 가지 지적해야 할 사항은 이러한 화이트칼라층의 비율이 1970년 출생자 이후부터 크게 달라지지 않았다는 점이다. 즉, 1970년대에 출생한 남성들이 학교를 마치고 직장을 갖게 되는 시점인 1990년대 이후로는 화이트칼라층의 비율이 크게 변하지 않았다.

[그림 3.9]는 각 출생 코호트 남성들의 아버지들이 가졌던 직종 변

그림 3.9 출생 코호트별 아버지 직종 분포(%)

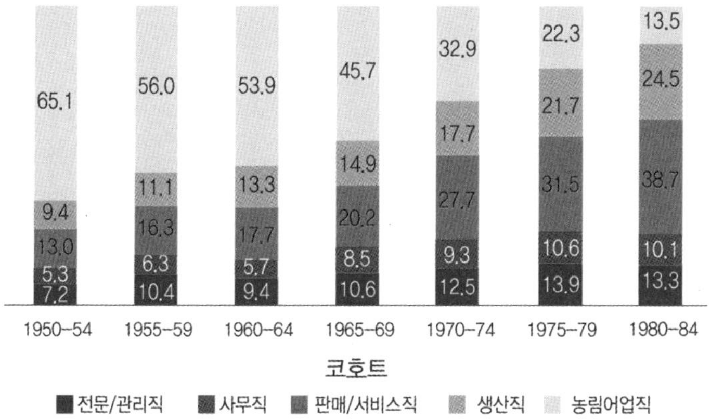

화를 보여준다. 가장 눈에 띄는 점은 1960년대에 출생한 아들들까지만 해도 아버지들의 과반수 혹은 그 이상이 농림어업직에 종사했다는 사실이다. 아버지가 농림어업직에 속했던 아들의 비율이 1950−54년 코호트 가운데에는 65%나 되지만 그 비율이 계속해서 줄어서 1980−84년 코호트 가운데에는 14% 정도만이 농림어업직에 종사했던 아버지를 가졌다. 반면에 같은 30년 동안에 농림어업직이 아닌 다른 직종에 종사했던 아버지를 가진 아들의 비율은 증가했다. 특히 판매·서비스직에 속했던 아버지를 가진 비율이 급속하게 증가했다. 최근 코호트에서 판매·서비스직에 속했던 아버지를 둔 경우가 거의 40%에 가깝고 또 앞서 [그림 3.8]에서 살펴보았듯이 아들 세대에서도 판매·서비스직이 일곱 개 코호트 모두에 걸쳐 30% 이상이었다는 사실은 최근의 한국 경제에서도 여전히 판매·서비스직이 중요한 역할을 하고 있음을 시사한다. 판매·서비스직이 모두 자영업일 필요는 없겠지만, 자영업의 비율이 상당했던 한국 경제의 실상과도 부분적으로나마 연관이 있어 보인다.[23] 다만, 앞서 EGP 계급 분포를 논의했던 [그림 3.1]에서 확인했듯이 전체 도달 계급 가운데 자영업자 계급이 차지하는 비중은 계속해서 줄어들었음을 잊지 말아야 한다.

2) 절대적 이동율의 변화

이제 본격적으로 아버지와 아들의 직종이 어떻게 연관되어 있으며 또 그러한 세대 간 사회이동은 일곱 개의 출생 코호트 사이에 어떻게 변했는지 살펴보기로 한다. 이를 위해서는 아버지들의 직종과 성인 남성들의 직종을 교차시켜 만든 5×5 세대 간 사회이동표를 각 출생 코호트별로 구성할 필요가 있다. 이 사회이동표는 특정 직종에 속한 아버지를 둔 아들들이 다섯 개 직종 중에 어떤 직종을 갖게 되었는지를 보여준다. 예를 들어, 전문·관리직에 속했던 아버지를 둔 아들들은 본인 자신이 전문·관리직 직업을 가질 수도 있고 아니면 다른 네 가지 직종 중에 하나에 속할 수도 있다. 마찬가지로 농림어업직에 속했던 아버지들의 아들들의 경우 본인 자신들도 농림어업직에 속하는 경우들도 있고 전문·관리직이나 사무직, 판매·서비스직 혹은 생산직을 갖게 된 경우들도 있을 수 있다. 이처럼 이동표는 출신 직종에 비해서 아들들의 현재 직종을 보여줌으로써 세대 간 사회이동이 얼마나 일어났는지 보여 준다. 앞서 자세히 설명했듯이 이 이동표에서 여러 가지 이동과 관련된 수치들을 계산할 수 있다. 우선 가장 기본적인 수치인 총이동율을 살펴보자. 기억하겠지만, 총이동율은 성인 남성들 가운데 아버지와 다른 직종을 갖게 된 비율을 말한다.

[그림 3.10]은 이런 총이동율이 출생 코호트별로 어떻게 변했는지 보여준다. 성인 남성 1950-54년 코호트의 경우 75%가 아버지와 다른 직종을 가졌다. 1955-59년 코호트의 경우 아버지와 다른 직종을 갖게 된 비율이 76%이며, 1960년대생 가운데에는 대략 79%가 아버지와 다른 직종을 가지게 되어서 가장 오래된 코호트에 비해 미세하나마 증가했다. 총이동율은 1970-74년 출생코호트부터 줄기 시작해서 가장 최

그림 3.10 코호트별 총이동율(직종 구분)

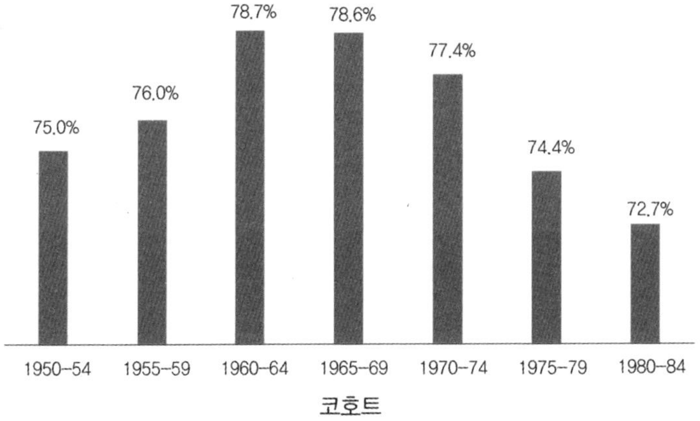

근 코호트인 1980-84년 출생자들에 오면 일곱 개 코호트들 가운데 가장 낮은 수준인 73%가 된다. 79%로 가장 높았던 총이동율에 비해 6% 정도 낮은 수준이라서 그리 큰 변화는 아니지만, 어쨌든 1960년대 출생코호트에 비해 절대적 사회이동이 줄었다. 직종에 따라 사회이동을 살펴본 [그림 3.10]을 앞서 EGP 계급 구분에 따라 사회이동을 살펴본 [그림 3.2]와 비교해 보면 약간의 차이에도 불구하고 전반적인 추세는 동일하다. 총이동율이 작은 수준이나마 증가해서 1960년대 출생자들 가운데 최고점에 도달한 후 낮아지고 있는 추세는 직종이나 EGP 계급에 상관없이 동일하다. 물론 총이동율이 최고점에 도달한 코호트는 약간 다르다. 직종에 따라 구분했을 때 1960-64년 코호트에서 총이동율이 최고점에 도달하지만, EGP 계급 분류를 따랐을 때는 그 최고점이 1965-69년 코호트에서 나타난다. 그러나 직종 분류에 따를 때 1965-69년 코호트의 총이동율은 1960-64년 코호트의 그것보다 겨우 0.1% 포인트 밖에 차이가 없음에 유의해야 한다.

절대적 사회이동과 관련해서 몇 가지 지표를 좀 더 자세히 살펴보

그림 3.11 비화이트칼라 출신들의 화이트칼라층으로의 상승 이동율

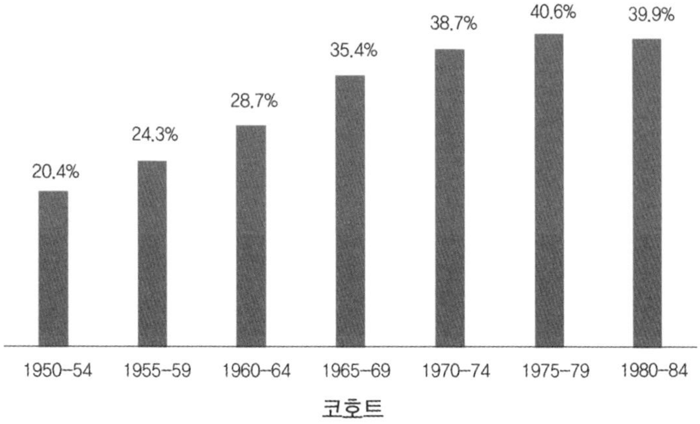

자. 특히 총이동율의 경우 상승 이동, 수평 이동, 하강 이동을 모두 포함하기 때문에 사회이동의 방향성을 고려해서 상승 이동과 하강 이동이 일어나는 정도를 알려주는 지표를 살펴보기로 하자. 위의 [그림 3.11]은 아버지가 전문·관리직 혹은 사무직이 아닌 비화이트칼라층(즉, 판매·서비스직, 생산직, 혹은 농림어업직)에 속했던 아들들이 화이트칼라층으로 상승 이동한 경우가 각각의 출생 코호트에서 차지하는 비율을 보여준다. 1950-54년 코호트의 경우 아버지가 비화이트칼라층이었던 아들들 가운데 20%가 화이트칼라층으로 상승 이동했다. 상승 이동률은 이후 코호트들에게서 계속 증가해서 1975-79년 코호트에 이르면 41%가 된다. 즉, 1975-79년 코호트 가운데 비화이트칼라층 출신이 화이트칼라층으로 상승 이동하는 비율은 가장 오래된 출생 코호트의 상승 이동 비율에 비해 2배 정도나 더 높다. 하지만, 이런 상승 이동이 계속해서 늘어나는 추세가 가장 최근 코호트에 오면 멈춘다. 1980-84년에 태어난 코호트 가운데 아버지가 비화이트칼라층에 속했던 아들들의 40% 정도가 상승 이동을 경험했다. 이는 이전 코호트인

그림 3.12 화이트칼라 출신들의 비화이트칼라층으로의 하강 이동율

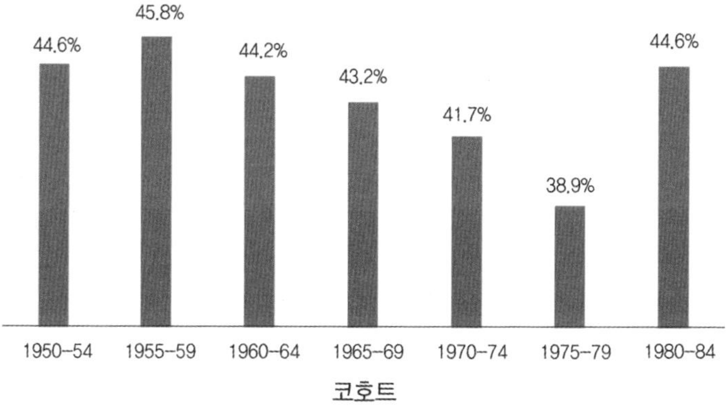

1975-79년 출생자들 사이의 상승 이동율과 비교해 거의 차이가 없는 수준이다.

이제 관심을 하강 이동으로 돌려 보자. [그림 3.12]는 아버지가 화이트칼라층에 속했던 아들들 가운데 본인 직업이 비화이트칼라층에 속해서 하강 이동한 사람들의 비율을 제시한다. 1950-54년 코호트부터 1960-64년 코호트 사이에는 추세가 없는 점만 감안한다면 1975-79년 코호트에 이르기까지 하강 이동 정도가 계속해서 줄어들었음을 알 수 있다. 1950-54년에 태어나서 아버지가 화이트칼라층이었던 아들들 가운데 45%가 비화이트칼라층으로 하강 이동을 경험한 반면에 1975-79년 코호트에서는 그 같은 하강 이동의 비율이 39%에 불과하다. [그림 3.11]의 거울 이미지 같은 추세로, 상승 이동이 계속해서 늘어난 반면에 하강 이동은 계속해서 줄어들었다. 하지만 가장 최근 코호트에서는 하강 이동 정도가 늘어나서 가장 오래된 코호트(1950-54)가 보여준 45% 수준에 이른다.

[그림 3.10], [그림 3.11], [그림 3.12]를 모두 종합적으로 고려하면

그동안 한국 사회에서 총이동율이 늘어나다가 1970년대 코호트부터는 더 이상 늘지 않고 약간 줄어들고 상승 이동 역시 1970년대 코호트부터는 증가세가 없는 추세를 확인할 수 있다. 특히 가장 최근 코호트인 1980－84년 코호트에서는 하강 이동이 다시 늘어나고 상승 이동도 정체가 되고 총이동률은 일곱 개 코호트 가운데 가장 낮은 수준이 된다. 다시 말해, 최근 코호트로 오면서 그 이전까지 활발했던 세대 간 절대적 사회이동이 점차 줄어드는 그런 추세가 나타나고 있다. 이런 추세는 한국 경제의 구조적 변화가 이전 세대에 비해 상대적으로 작은 수준에서 일어나고 있음을 시사한다. 이런 추세는 직종에 기반을 두고 다섯 개 직종으로 분류를 하던, 여섯 개의 EGP 계급으로 분류를 하던 전반적으로 비슷하게 나타난다.

EGP 계급 분류틀을 가지고 절대적 이동을 살펴볼 때 농민 계급을 포함할 때와 제외할 때를 구별해서 농민의 축소가 절대적 이동에 어떤 영향을 미쳤는지를 간접적으로나마 알아보려고 했다. 마찬가지로 직종 분류에 기반을 두었을 때 [그림 3.10]에서 [그림 3.12]까지의 추세가 농민을 제외하면 어떻게 달라질까? 총이동율의 경우 농림어업직을 제외할 경우 포함했을 때보다 전반적으로 낮아진다. 농림어업직을 제외하면 1950－54년 코호트 아들들의 경우 59.0%가 아버지 직종과는 다른 직종을 가졌으며, 그 비중은 1955－59년, 1960－64년, 1970－74년 코호트까지 61.6%, 61.3%, 64.3%, 68.1%까지 증가한다. 그러다가 1975－79년 코호트의 경우 67.6%, 198－84년 코호트의 경우 68.7%로 더 이상 증가세를 보이지 않고 멈춘다. 다시 말해, 1950년대와 1960년대 출생자들 가운데에는 최하층인 농림어업직 출신 아들들이 많기 때문에 이들을 제외하면 이들을 포함했을 때와 비교해서 그만큼 총이동율이 이 세대들에게서 낮아지고 따라서 계속되는 총이동율 상승이 오직 최근 코호트에 와서야 다소 주춤하게 된다. 농민을 포함했을 때 1950－54년 코호트의 75.0%에서 시작해서 1960－64년 코호트에 와서

78.7%로 최고점을 찍은 후 하락하기 시작해 가장 최근 코호트에 와서는 72.7%였던 [그림 3.10]과 비교해보면 그 차이가 분명해진다.

농림어업직을 제외한 사회이동표에서 비화이트칼라 출신들이 화이트칼라층으로 상승 이동하는 비율은 1950－54년 코호트의 경우 26.5%이고 그 이후 1975－79년 코호트에 이르기까지 계속해서 일관되게 증가해서 44.8%가 된다. 그러다가 가장 최근 코호트인 1980－84년 코호트에서는 더 이상 증가하지 않고 41.4%로 약간 줄어든다. 이러한 추세는 농림어업직을 모두 포함했을 때 비화이트칼라 출신들의 화이트칼라층으로의 상승 이동이 1950－54년 코호트의 20.4%에서 1975－79년 코호트의 40.6%까지 계속해서 상승하다가 1980－84년 코호트(39.9%)에 이르러 더 이상 변하지 않았던 [그림 3.11]의 추세와 매우 유사하다.

화이트칼라 출신들이 비화이트칼라층으로 하강 이동하는 경우는 원래 아들들의 직종 분포에서 농림어업직의 비중이 그다지 많지 않기 때문에(앞의 [그림 3.8] 참조), 농림어업직을 제외해도 하강 이동율이 그다지 크게 변하지 않는다. 농림어업직을 제외했을 때 화이트칼라 출신 아들들이 하강 이동해 비화이트칼라 직업을 갖게 되는 비율이 1955－59년 코호트에서 44.3%로 가장 높았다가 그 이후 계속해서 낮아져 1975－79년 코호트에 오면 38.4%가 된다. 그러다가 가장 최근 코호트에서는 다시 약간 상승해 그 비율이 43.8%가 된다. 이러한 비율과 그 비율의 추세는 농림어업직을 제외하지 않았을 때의 [그림 3.12]와 매우 유사하다.

3) 구조 이동(Structural Mobility)

직종 분류에 기반을 두었을 때 상대적 이동이 시계열적으로 어떻게 변했는지 살펴보기 전에 앞서 소개한 Sobel, Hout, & Duncan(1985)의 구조 이동 지표의 코호트별 변화 추세를 살펴보자. 특히 여섯 개 계급을 구분하는 EGP 계급 분류틀을 사용해서 얻은 구조 이동 지표 추세

([그림 3.5] 참조)와 비교해 다섯 개 직종 분류틀에 기반을 둔 추세가 얼마나 유사한지 혹은 다른지 살펴보자. 앞서 강조했듯이 이 저자들의 구조 이동 지표를 계산하는 방법론은 구조 이동 정도를 각각의 직종별로 구분해서 살펴볼 수 있는 장점이 있다. 특정 직종의 구조 이동 지표가 0보다 크면 그 직종은 이전 세대에 비해 현재 세대에 그 크기가 늘어났음을 의미하며 반대로 구조 이동 지표가 0보다 작으면 그 직종은 이전 세대에 비해 현재 세대에 그 크기가 줄어들었음을 의미한다.

[그림 3.13]은 Sobel, Hout, & Duncan(1985)의 방법론을 적용해 얻은 각 직종별 구조 이동 지표를 보여준다. 그림을 자세히 보면 우선 농림어업직의 구조 이동 지표가 일곱 개 출생코호트 모두 0보다 작음을 알 수 있다. 즉, 일곱 개 코호트 모두에서 농림어업직의 크기는 아버지 세대에 비해 아들 세대에서 줄어들었다. 반면에 전문·관리직의 경우 그 지표가 1950-54년 코호트(1.13)보다 1955-59년 코호트(0.76)에서 다소 작지만 그 이후로 1970-74년 코호트까지(1.27) 줄곧 늘다가 1975-79년 코호트에 와서 다소 줄고 1980-84년 코호트에서는 더 이상 변화가 없다. 즉, 1970-74년 코호트에 이르기까지 계속해서 아버지 세대에 비해 아들 세대에 더 늘어난 전문·관리직의 팽창은 최근 두 코호트에서 와서는 그 증가 속도가 상대적으로 둔화되었다. 물론 여전히 아버지 세대에 비해 아들 세대에 전문직·관리직이 늘어난 것은 변함이 없다. 이 추세는 앞서 EGP 계급 구분을 가지고 똑같은 분석을 한 [그림 3.5]에서 드러난 서비스 계급의 구조 이동 추세와 거의 일치한다. 전문직·관리직이 서비스 계급을 이루는 핵심 직종임을 감안할 때 추세가 일치하는 게 당연해 보인다.

이제 사무직의 경우를 살펴보자. 1950-54년 코호트에서 0.59이었던 구조이동 지표가 1970-74년 코호트의 경우 1.38까지 증가했다가 1975-79년 코호트에서 1.30로 주춤하고 가장 최근 코호트인 1980-84년 코호트의 경우에는 0.85까지 내려간다. EGP 계급 구분에 기반을

그림 3.13 Sobel, Hout, & Duncan 모형에서 추정되는 구조 이동 지표(직종 구분)

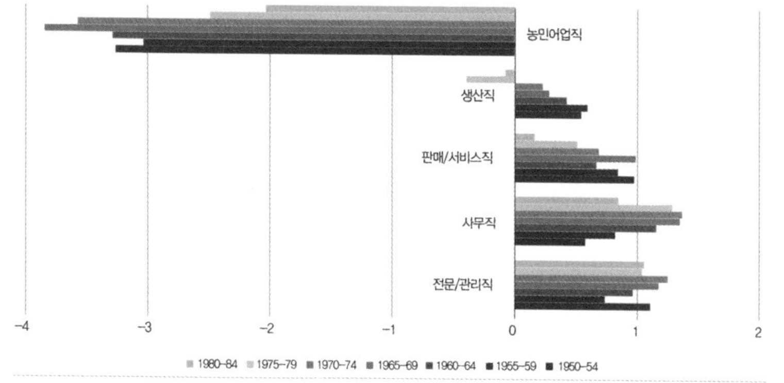

둔 [그림 3.5]에서 드러난 일상적 비육체노동자 계급의 구조 이동 추세와 비교하면 대략적으로 비슷하다. 다만 사무직의 구조 이동 추세에서 가장 최근 코호트에 그 지표가 줄어드는 정도가 일상적 비육체노동자 계급의 구조 이동 추세에 비해 더 뚜렷하다. 결국 EGP 계급 구분을 따르던 직종 구분을 따르던, 전반적인 추세는 사무직종 혹은 일상적 비육체노동자 계급의 크기가 아버지 세대에 비해 아들 세대에 늘어나는 정도가 최근 두 코호트에서 둔화되었다. 전문·관리직 혹은 서비스 계급의 경우도 최근 두 코호트에서 구조 이동 증가 정도가 둔화되었다는 점과 함께 사무직 혹은 일상적 비육체노동자 계급의 구조 이동 추세는 전반적으로 화이트칼라 직종의 증대가 점점 제한된 범위에서 이뤄지면서 지금까지 계속해서 증가해 오던 구조 이동이 이제 더 이상의 증가를 멈추게 된 것이라 보인다. 판매·서비스직종의 경우에도 전반적인 추세는 최근 코호트로 올수록 구조 이동이 줄어드는 방향이다. 생산직의 경우도 마찬가지인데 특히나 최근 두 코호트의 경우는 음수의 값을 보인다. 이는 아버지 세대에 비해 아들 세대에 더 늘어났던 생산직종이 최근 두 코호트에서는 반대로 아들 세대에 아버지 세대 때보다 더 줄어들었다는 것을 의미한다.

4) 상대적 이동

EGP 계급 구분에 따를 경우 출신 계급과 도달 계급 간의 연관성은 대체적으로 꾸준히 감소해서 가장 최근 코호트인 1980－84년 코호트에 오면 그 연관성 정도가 가장 오래된 코호트인 1950－54년 코호트에 비해 66%에 지나지 않음을 앞서 [그림 3.6]에서 살펴보았다. 계속해서 강조했지만 이런 출신 계급과 도달 계급의 연관성은 상대적 사회이동을 드러내 주는 지표이며 따라서 이러한 연관성 추세를 살펴볼 때 한 사회의 기회 불평등이 어떻게 변했는지 말할 수 있다. EGP 계급 구분에 의존했을 때의 결과는 분명하게 한국 사회에서 세대 간 사회이동이 더 활발해졌음을 보여준다. 본격적으로 결론을 맺기 전에 이렇게 세대 간 사회이동이 증가했다는 결과가 특정 계급 분류틀 때문에 기인한 것이 아님을 다른 분류틀을 사용해서도 비슷한 추세가 발견됨을 통해 밝힐 수 있다.

이제 앞서 [그림 3.6]에서 드러난 상대적 사회이동 추세 분석에 사용된 방법인 대수승법층효과 모형(log－multiplicative layer effect model)을 EGP 계급이 아니라 다섯 개 직종을 구분해 구성한 5×5 사회이동표에 적용해서 얻은 결과를 살펴본다. [그림 3.14]는 대수승법층효과 모형으로부터 추정된 출신 직종과 도달 직종 간의 코호트별 연관성 정도를 보여준다. 다시 말하지만, 기준이 되는 1950－54년 코호트의 연관성이 1로 규정되고 이어서 기준 코호트에 비해 다른 코호트의 연관성이 얼마나 다른지 상대적으로 보여준다. 그림에서 뚜렷이 드러나는 추세는 출신 직종과 도달 직종 간의 연관성이 점점 약화되어 왔다는 것이다. 1975－79년 코호트에 오면 그 연관성이 1950－54년 코호트의 70%에 지나지 않게 되고 가장 최근 코호트에 와서는 심지어 53%에 불과하다. 다시 말해, 여섯 개 계급으로 구성된 EGP 분류틀을 사용했을 때 가장 최근 코호트의 출신 계급과 도달 계급 연관성 정도가 비교 기

그림 3.14 출신 직종과 도달 직종 간의 연관성(5개 직종 구분)

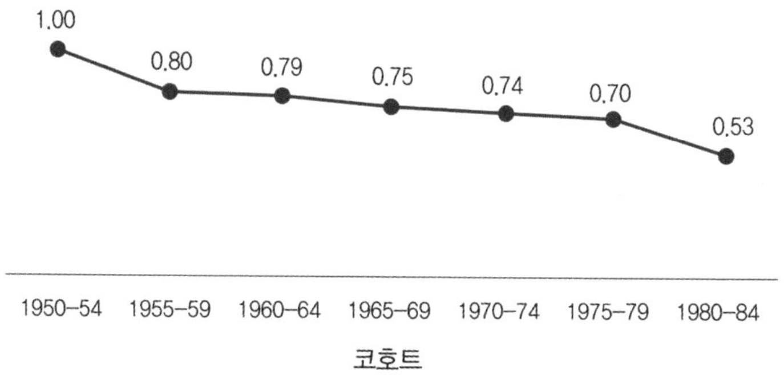

준이 되는 가장 오래된 코호트(1950-54년)의 66%라는 [그림 3.6]보다도 더 약화되었음을 보여준다. 결국, 직종을 기준으로 해서 살펴본 상대적 사회이동은 최근 코호트로 올수록 더 활발해졌으며 이런 추세는 앞서 살펴본 EGP 계급 구분에 근거를 둔 추세와 일치한다. 약간의 차이가 있다면 EGP 계급 분류표에 기반을 두었을 때는 가장 최근 코호트에서 나타나는 출신-도달 계급 간의 연관성이 그 이전 코호트의 연관성보다 약하지 않았으나 직종 분류에 기반을 두었을 때 출신-도달 계급 간의 연관성이 가장 오래된 코호트부터 계속해서 일관되게 약화되어 가장 최근 코호트에 오면 가장 약한 연관성이 나타난다는 점이다.

[그림 3.14]에서 나타나는 것처럼 출신 직종과 도달 직종 간의 연관성이 점점 약화되어 온 추세에 농림어업직의 축소가 어느 정도나 관련되어 있을까? 앞서 EGP 계급 분류틀에 기반을 둔 분석에서는 농민 계급을 제외하고도 출신 계급과 도달 계급 간의 연관성이 약화되어 온 추세가 그대로 유지되었다는 것을 알았다. 직종 분류틀에 기반을 두었을 때도 비슷한 추세를 볼 수 있을까? [그림 3.14]의 기반이 되는 똑같

은 모형을 이제 출신 직종이나 도달 직종이 농림어업직인 사람들을 제외하고 구성한 4×4 사회이동표에 적용해보면 [그림 3.14]에서처럼 일관되게 약화되는 추세는 아니지만 여전히 전반적으로 약화되는 추세를 발견할 수 있다. 가장 오래된 코호트에서 출신 직종과 도달 직종 간의 연관성이 1이라고 할 때 그 연관성은 1955－59년, 1960－64년, 1965－69년, 1970－74년 코호트까지 0.78, 0.82, 0.72, 0.54로 전반적으로 줄어든다. 그러다가 1975－79년 코호트에 0.69로 상승했다가 다시 가장 최근 코호트에 와서 0.48로 줄어든다. 결국 가장 최근 코호트의 연관성은 가장 오래된 코호트의 연관성의 48%에 지나지 않는다. 이는 [그림 3.14]에서 나타나는 53%보다도 약한 연관성이다. 결국 직종 분류틀에 따라 세대 간 사회이동 추세를 살펴볼 때 지난 30년 동안 급속하게 줄어든 농림어업직을 제외하더라도 출신 직종과 도달 직종 간의 연관성이 전반적으로 약화되어 왔다는 사실에는 변함이 없다.

6. 확인: 상대적 사회이동은 정말 증가했는가?

이쯤 되면 적어도 1950－54년부터 1980－84년 사이에 출생한 한국 남성들을 대상으로 할 때 세대 간 상대적 사회이동은 줄어들지 않고 오히려 늘어났다는 결과에 동의를 할 수 있을 것이다. EGP 계급 분류틀이나 직종 분류틀 모두 세심한 추세는 약간씩 다르지만 출신 계급(직종)과 도달 계급(직종) 간의 연관성이 일곱 개 코호트에 걸쳐 전반적으로 약화되어 왔다는 결론은 동일하다. 나아가 이처럼 약화된 연관성이 혹 급속하게 줄어든 농민 계급이나 농림어업직종 때문은 아닌지 하는 생각에 그러한 계급/직종을 제외하고 살펴보아도 전반적인 결론은 변함이 없다. 하지만, 요 사이 계급 이동 기회가 사라지고 있다는 언론이나 학계의 계속되는 보고서 앞에서 여전히 의문을 가질 수 있다. 매일 같이 듣는 뉴스가 불평등이 심화되고 있다는 것인데 세대 간 사회이동이 어떻게 증가할 수 있었는가? 세대 간 사회이동이 더 어려워졌다고 믿는 사람들은 현재 언론과 학계에서 논의되고 있는 계급 이동은 특히 전문직이나 관리직 같은 최상위층으로의 이동 기회가 어려워지고 있다는 것을 말한다고 강변할 수 있다. 다시 말해, 이 책에서 지금까지 해온 것처럼 모든 계급을 다 살펴볼 것이 아니라 계급 혹은 지위 체계의 최상층부에 오르는 정도가 점점 더 어려워지고 있다는 것에 초점을 맞춰야 한다고 주장할 수 있다. 대학의 급속한 팽창에 따라 대학을 졸업해도 예전처럼 전문직이나 관리직 같은 직업을 갖기 어렵다는 인식이 이러한 주장과 연결된다. 미국의 사회이동 추세를 분석하면서 70년대 이후 경제 불평등을 주도하는 그룹이 전문 지식과 정보를 가지고 임금 분포의 최상층에 속해 있는 전문/관리직 그룹이라는 데 착안해서 전문/관리직과 그 밖의 다른 모든 직업군 두 계급으로 구분해 사회이동 추세를 분석한 Mitnik, Cumberworth, & Grusky(2016)의 연구도 이런 맥락에서 이해할 수 있다.

앞서 절대적 이동을 분석하면서 서비스 계급 출신들이 서비스 계급에 남는 비율인 유출율과 서비스 계급에 도달한 사람들 가운데 서비스 계급 출신의 비율인 유입율을 살펴봤다. 유출율과 유입율 모두 일곱 개 코호트에 걸쳐 큰 변화가 없었다는 것이 전반적인 결론이었다. 그럼 이처럼 변화가 없었던 절대적 이동 속에서 상대적 이동은 어떤 변화를 겪었을까? 이제 서비스 계급의 상대적 이동 추세를 살펴보기로 한다. EGP 분류틀에서 가장 최상위층에 해당되는 서비스 계급 출신들이 비서비스 계급(다른 다섯 개 계급들을 모두 합친)으로 하강 이동하지 않고 서비스 계급으로 남는 승산과 비서비스 계급 출신들이 비서비스 계급에 남지 않고 서비스 계급으로 상승 이동하는 승산의 비율인 승산비를 각 코호트별로 제시한다. 계속해서 강조해왔지만 이렇게 계산되는 승산비는 상대적 사회이동의 지표가 된다. 특히 승산비는 서비스 계급과 비서비스 계급의 분포가 지난 일곱 개 코호트별로 어떻게 변화해왔는지에 영향을 받지 않고 서비스 계급과 비서비스 계급 간의 순수한 연관성만을 드러내준다.

이런 승산비를 특정 모형에 의지해 그 모형에서 설정한 대로 각 코호트마다 추정할 수 있다. 하지만, 특정 모형에 의존하는 대신에 각 코호트의 2×2 사회이동표에서 직접 계산하기로 한다. 따라서 각 코호트별 추세가 특정 모형에 의존할 때보다 들쭉날쭉 할 수 있음에 유의할 필요가 있다. 다시 말해, 샘플 수가 얼마나 큰가에 따라 계산되는 승산비가 불안정할 수 있다. 따라서 기본적으로 제한적인 분석이 될 수밖에 없다. 하지만, 이러한 분석은 앞서 자세히 설명한 승산비를 이용해서 서비스 계급이 되는 승산에 있어서 서비스 계급 출신과 비서비스 계급 출신 간에 어떤 차이가 있는지를 다소 이해하기 쉬운 수치로 보여주는 이점이 있다. 물론 각 코호트의 승산비가 다른 코호트의 승산비와 통계적으로 유의미한지 표준오차를 구해서 비교해볼 수도 있겠으나 여기서의 주 관심은 추세에 있기 때문에 특정 코호트의 승산비가 다른 특정 코호트의 승산비와 통계적으로 유의미한 차이를 보여주는지 여부는 관심 범위에서 벗어난다.

나아가 상대적 이동 추세를 분석하는 데 있어서 지금까지 해 온 것처럼 농민 계급을 포함했을 때와 제외했을 때를 나누어 승산비를 제시한다. 앞서 서비스 계급과 비서비스 계급으로 구성된 사회이동표에서 절대적 이동을 살펴보면서 서비스 계급에 도달한 아들들 가운데 서비스 계급 출신의 비율을 나타내는 유입율의 경우 농민을 포함했을 때와 제외했을 때 추세가 상당히 다름을 확인할 수 있었다. 농민을 포함했을 때 코호트별로 별로 변화가 많지 않았던 유입율의 경우 농민을 제외하자 최근 코호트로 올수록 계속해서 하락했다. 다시 말해, 최근 코호트의 서비스 계급 가운데 서비스 계급에서 충원된 비율이 예전 코호트들의 비율보다 더 적었다. 농민 계급을 제외하자 그만큼 예전 코호트들의 서비스 계급 가운데 서비스 계급 출신들의 비율이 높아졌기 때문에 생긴 현상이다. 따라서 농민을 제외했을 때 상대적 이동 추세도

그림 3.15 서비스 계급 승산비 추세

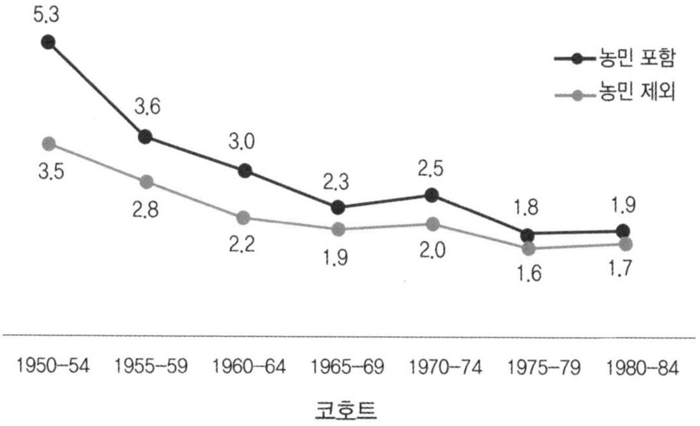

달라지는지 검토할 필요가 있다.

[그림 3.15]는 이처럼 서비스 계급과 비서비스 계급으로 구성된 2×2 사회이동표에서 계산될 수 있는 승산비를 각 코호트별로 제시한다. 농민을 포함한 다른 다섯 개 계급을 모두 한 계급으로 묶어 비서비스 계급으로 정의한 후 서비스 계급과 비교해 얻어지는 승산비는 갈색 선으로 제시되고 있으며 출신 계급이나 도달 계급이 농민 계급인 사람들을 제외하고 비서비스 계급을 구성한 후 서비스 계급과 비교해 얻어지는 승산비는 회색 선으로 제시되고 있다. 먼저 갈색 선을 살펴보면 농민을 포함했을 때 가장 오래된 코호트(1950－54년)의 경우 서비스 계급 출신이 비서비스 계급으로 하강 이동하지 않고 서비스 계급에 남는 승산이 비서비스 계급 출신이 비서비스 계급에 남지 않고 서비스 계급으로 상승 이동하는 승산에 비해 5.3배 크다. 다시 말해, 서비스 계급의 계급 재생산 승산이 비서비스 계급의 서비스 계급으로의 상승 이동 승산에 비해 훨씬 크다. 즉, 출신 계급은 도달 계급에 중요한 영향력을 행사한다. 이러한 승산비는 이후 코호트에서 계속 줄어 1960－64년 코

호트에서는 3.0, 1970–74년 코호트에서는 2.5, 1975년 이후 출생자들 사이에서는 2보다 작은 값이 된다. 그만큼 출신 계급과 도달 계급 간의 연관성이 약화, 즉, 세대 간 사회이동은 수월해졌다는 말이다.

회색 선에서 드러나는 승산비의 추세도 이와 비슷하다. 농민 계급을 제외하면 서비스 계급 승산비가 농민 계급을 포함했을 때보다 적다. 이런 경향은 특히 1950년대 1960년대 출생자들 사이에서 상대적으로 두드러진다. 이 코호트들에서 상대적으로 농민이 많았기 때문에 농민을 제외할 때와 제외하지 않을 때 차이가 상대적으로 많다. 그러나 서비스 계급 승산비가 전반적으로 낮아졌다는 추세는 여전히 유지된다. 다만 갈색 선으로 표시되는 추세와 비교해 농민 계급을 제외했을 때 1965–69년 코호트 이후에는 큰 변화가 없다. 하지만 중요한 점은 근래 언론과 학계에서 많이 나오는 계급 이동이 어려워졌다는 주장과는 일치하지 않는 추세이다. 승산비로 표시되는 출신 계급과 도달 계급 간의 연관성이 약화되어 오다가 1965–69년 코호트 이후로는 큰 변화가 없다는 것이지 결코 연관성이 다시 강화되었다는 추세는 찾아볼 수 없다.

이 책에서 직접 제시하고 있지는 않지만 [그림 3.15]에서 갈색 선과 회색 선으로 나타나는 추세는 EGP 계급 분류틀의 서비스 계급/비서비스 계급 대신에 직종 분류틀의 전문·관리직/비전문·관리직 비교를 해도 비슷하게 나타난다. 결국 여섯 개 계급이나 다섯 개 직종 전체를 살펴보나 서비스 계급과 전문·관리직처럼 최상층 계급/직종만을 살펴보나, 그리고 농민 계급/농림어업직을 포함하거나 포함하지 않거나 일관된 추세를 확인할 수 있다. 1950–54년부터 1980–84년 남성 출생자들 사이에서 출신 계급/직종이 도달 계급/직종에 미치는 영향은 점점 줄어들었다. 그 약화 추세가 최근 코호트들에 와서 수그러들었지만 그 추세가 역전되어서 출신 계급/직종의 영향력이 최근 코호트에 와서 다시 커졌다는 증거는 없다.

그래도 여전히 상대적 사회이동이 늘어났다는 결과를 의아해 할 독자가 있을 것 같다. 요사이 청년들이 예전 세대와 비교해 안정적인 직장을 갖기 더 어려워진다는데 도대체 어떻게 세대 간 사회이동이 더 늘어날 수 있었다는 말인가? 아무리 서비스 계급만 따로 살펴본다고 해도 여전히 서비스 계급이 이질적인 직업으로 구성되어 있기 때문에 특정한 직업(특히 상위 층에 속하는 직업)에서 일어난 변화를 파악하기 어렵다는 생각이 들 수 있다. 이미 절대적 이동을 논의하면서 이런 비판에 대응하기 위해서 계급 대신에 각각의 직업의 지위를 수량화하는 사회경제적 지수를 가지고 상승 이동과 하강 이동을 살펴보았다. 농민을 포함했을 때에는 아버지 직업의 지위 지수보다 자신의 직업의 지위 지수가 높은 아들들의 비율이(즉, 상승 이동율) 최근 코호트에서 낮아지고 대신에 아버지 직업의 지위 지수보다 자신의 직업의 지위 지수가 낮은 아들들의 비율(즉, 하강 이동율)은 계속해서 증가했음을 볼 수 있었다. 하지만 농민을 제외하자 완전히 정반대의 추세를 확인할 수 있었다. 상승 이동율이 계속해서 늘고 하강 이동율이 계속 하락했다.

그렇다면 이처럼 직업 지위의 사회경제적 지수를 사용할 경우 상대적 이동 추세는 어떻게 될까? 범주형(categorical) 변수가 아니라 연속변수인 사회경제적 지수를 가지고 상대적 이동을 살피기는 다소 복잡하다. 아마도 각 코호트에서 직업 지위 지수를 기준으로 특정 직업을 가진 아들들의 상대적인 랭킹(ranking)을 구한 후 그러한 아들들의 랭킹과 마찬가지로 아버지 세대에서 그렇게 구한 상대적인 랭킹과의 연관성을 구하는 정도에서 상대적 이동을 개념화할 수 있을 것 같다. 하지만 그를 위해서는 각 코호트마다 거대한 수의 샘플이 있어서 상대적인 랭킹을 안정적으로 구하는 것이 급선무이다. 현재 이 책에서 사용한 자료로는 이런 랭킹을 구할 수 없다. 그래서 상대적 이동을 제대로 반영하기보다는 그냥 아버지 직업의 지위 점수와 아들 직업의 지위 점수 간의 상관관계(correlation)가 매 코호트마다 어떻게 되는지 살펴보는 정도에서 분석을 마무리 짓고자 한다.

농민을 포함했을 때 아버지 직업의 지위 점수와 아들 직업의 지위 점수 간의 상관관계는 일곱 개 코호트에 걸쳐서 전반적으로 약화되어 왔다. 1950-54년 코호트의 경우 그 상관관계가 0.25이었고 1960-64년 코호트의 경우 0.24, 1970-74년 코호트의 경우 0.21, 그리고 가장 최근 코호트의 경우 0.16이다. 다시 말해, 직업 지위 측면에서 아버지 직업과 아들 직업이 얼마나 연관되어 있는지 보여 주는 상관계수의 시계열적 추세는 EGP 계급 구분에 따른 세대 간 상대적 이동의 시계열적 추세와 일치한다. 농민을 제외했을 때의 상관관계 추세도 비슷하다. 1950-54년 코호트의 경우 상관관계가 0.33, 1960-64년 코호트의 경우 0.23, 1970-74년 코호트의 경우 0.18, 그리고 가장 최근 코호트의 경우 0.13이다. 다시 말해, 농민을 포함하던지 제외하던지 출신 직업과 도달 직업 간의 상관관계는 약화되어 온 추세가 동일하게 나타난다.

7. 상대적 사회이동은 어떻게 증가했는가?

지금까지 서로 구분되는 계급/직종 분류틀에 따라, 또 농민/농림어업직을 포함하고 제외했을 때에 따라 상대적 사회이동 추세가 어떻게 달라지는지 살펴본 결과 1950-54년 출생 코호트부터 1980-84년 출생 코호트에 이르기까지 세대 간 사회이동은 증가해왔다는 것을 알 수 있었다. 몇몇 분석에서 증가 폭이 최근 코호트에서 와서 줄어들기는 했으나 세대 간 사회이동이 점점 더 어려워졌다는 최근의 인식과는 확연히 구별되는 결과이다. 그렇다면 어떻게 이처럼 세대 간 사회이동이 일곱 개 코호트에 걸쳐 더 활발해질 수 있었을까? 다시 말해, 도달 계급/직종에 미치는 출신 계급/직종의 영향력이 어떻게 약화될 수 있었을까? 여러 사회이동 연구자들이 지적하고 있듯이 지금까지의 연구들이 사회이동 추세와 국가 간 차이를 측정하는 데에는 큰 성과를 거뒀지만, 그러한 사회이동 추세나 국가 간 차이를 설명하는 데에는 그다지 큰 성과를 거두지 못한 것이 사실이다.[24] 그래서 사회이동 연구를 너무 통계 분석에만 치우친, 고립된 사회학 분야라는 비판이 아주 틀린 것은 아니지만, 그만큼 사회이동 추세를 낳은 특정한 사회적 요인을 밝혀내기가 쉽지 않은 어려움을 반영한 것일 수도 있다. Erikson and Goldthorpe(1992)가 지적했듯이 상대적 사회이동이 국가 간에 반드시 동일하지 않더라도 그러한 국가 간 차이가 어떤 특정한 거시 요소(예를 들어, 복지국가, 경제발전, 혹은 정책 등)와 체계적으로 연결된 것이 아닐 수 있다. 마찬가지로 한 국가 내에서 코호트별로 상대적 사회이동의 부침이 있을 수 있겠지만, 이 역시 어떤 특정한 거시 요소의 변화와 체계적으로 연결된 것이 아니라면 그만큼 왜 그런 부침이 있는지 설명하기 어려워진다.

하지만 그런 어려움 속에서도 사회이동 연구자들은 많은 거시 요인들 가운데 교육 팽창이 사회이동 추세에 어떤 영향을 미쳤는지에 특히 주목해왔다. 이는 현대 사회에서 교육이 세대 간 사회이동의 가장 중요한 메커니즘이라는 인식하에서 교육이 세대 간 사회이동에 미치는 영향이 변했을 때 세대 간 사회이동 추세도 변할 것이라는 생각을 기반으로 한다. 앞서 이론적 논의에서 설명했듯이 교육 팽창이 세대 간 사회이동에 영향을 미칠 수 있는 경로는 몇 가지가 있다. [그림 2.4]에서 보여주듯이 교육 팽창 과정에서 출신 계급이 교육에 미치는 영향력이 점점 줄어들었거나(즉, 교육의 평등화), 본인(자식)의 교육 수준이 자신의 계급 성취에 미치는 영향력이 점차 약화되면 출신 계급과 도달 계급 간의 연관성이 점점 약화될 수 있다. 또한 교육 팽창을 통해 출신 계급과 도달 계급 간의 연관성이 특히 낮은 대학 졸업자들의 비율이 높아지면서 사회 전반적으로 출신 계급과 도달 계급 간의 연관성이 약화되는 구성 효과(compositional effect)가 있을 수 있다. 물론 [그림 2.4]에서 출신 계급의 도달 계급으로의 직접 효과를 생각해볼 수 있지만, 교육을 매개로 하는 경로가 아니라서 교육이 세대 간 사회이동에 미치는 영향을 살펴보는 데 별 상관이 없다.

그렇다면 한국 사회에서 지난 30년간 [그림 2.4]의 경로 B(출신 계급과 교육 간의 관계)와 경로 C(교육과 도달 계급 간의 관계), 그리고 구성 효과는 어떻게 변했으며, 또 그러한 변화는 지금까지 드러난 출신 계급과 도달 계급 간의 전반적인 연관성이 약화되어 왔다는 추세에 어떤 영향을 끼쳤는가? 이 질문에 본격적으로 답하기 전에 한국 사회에서 지난 30년간 교육 팽창이 얼마나 급격하게 일어났는지 간략히 논의하고자 한다. 지금까지 세대 간 사회이동을 분석하기 위해 사용한 자료에는 아들의 교육 변수가 포함되어 있다. 여러 교육 수준을 고졸 이하, 전문대/4년제 대학 중퇴, 4년제 대학 졸업으로 묶어서 분석한다. 다시 말하지만, 교육 평등화, 교육과 도달 계급 간의 관계, 구성 효과 모두가 교육팽창, 특히 대학 교육의 팽창과 밀접하게 관련되어 있는 만큼 한국 사회에서 교육이 얼마나 팽창되었는지를 먼저 살펴보는 것이 유익하다.[25]

[그림 3.16]은 특정 교육 수준을 가진 남성들의 비율을 각 코호트별로 제시하고 있다. 그림을 보면 한국 사회에서 지난 30년간 교육이 얼마나 빠르게 팽창되었는지 볼 수 있다. 1950－54년 코호트의 78%는 고졸 이하의 학력을 가졌다. 6% 정도는 전문대를 졸업했거나 4년제 대학에서 중퇴한 사람들이었고 16%는 4년제 대학을 졸업한 사람들이었다. 근래 코호트로 오면서 고졸 이하의 비율은 빠르게 줄어들고 대신에 4년제 대학이나 전문대 졸업자의 비율이 늘어났다. 가장 오래된 코호트보다 10년 늦게 태어난 코호트의 경우 고졸 이하의 비율이 21% 포인트나 줄어 57%가 되고, 4년제 대학 졸업자의 비율은 16%에서 30%로 증가했다. 전문대 졸업자나 4년제 대학 중퇴자의 비율도 두 배 이상 증가해서 14%가 되었다. 다시 10년 후인 1970－74년 코호트를 살펴보면 고졸 이하 비율은 심지어 과반 이하로 내려가 37% 정도 밖에 되지 않고 이제 4년제 대학 졸업이 가장 많은 비중을 가진 교육 범

그림 3.16 한국 남성 코호트별 교육 수준 분포(%)

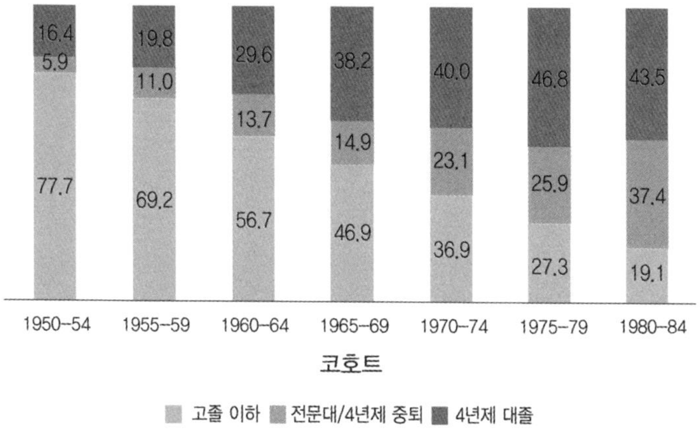

주가 되었다. 그 바로 다음인 1975−79년 코호트에서도 4년제 대학 졸업자의 비율은 계속 증가해서 47%나 되었다. 다시 말해, 1975년에서 1979년 사이에 출생한 한국 남성 가운데 거의 과반수가 4년제 대학을 졸업했다고 해도 과언이 아니다. 전문대를 졸업했거나 4년제 대학을 중퇴한 사람들까지 포함하면 코호트의 73%, 즉, 열 명 중 일곱 명은 고등교육을 받았다. 가장 최근 코호트인 1989−84년 코호트에 오면 4년제 대학 졸업자의 비율은 그 이전 코호트에 비해 약간 줄었지만 전문대 졸업/4년제 대학 중퇴자의 비율이 상대적으로 크게 늘어서 열 명 중의 여덟 명은 고등 교육을 받았고 경우 두 명만이 고졸 이하의 학력을 가지고 있다. [그림 3.16]은 지난 30년간 한국 사회에서 고등 교육이 얼마나 빨리 팽창되었는지 잘 보여준다.

이렇게 빠르게 지속되어 온 교육 팽창이 계속해서 약화되어 온 출신 계급과 도달 계급 간의 연관성에 어떤 영향을 미쳤는지 궁금해진다. 이 질문에 답하기 위해 다시 정인관·박현준(2019)의 논문으로 돌아가 그들의 연구 결과를 살펴보도록 하겠다. 우선 그들의 논문 <표 2>에 나타나 있는 분석 결과에 따르면 1950-54년 코호트부터 1980-84년 코호트에 이르기까지 급속한 교육 팽창에도 불구하고 출신 계급(즉, 아버지 계급)이 아들의 교육 수준에 미치는 효과는 계속해서 약화되어 오지 않았다. 다시 말해, 교육 기회의 불평등이 지속되었다. 이런 결과는 아들 세대가 겪었던 교육 기회의 확장에도 불구하고 출신 계급에 따른 상대적인 교육 기회는 크게 변하지 않았다는 것으로 Shavit and Blossfeld(1993)의 '지속되는 불평등' 테제를 경험적으로 뒷받침한다. 교육 팽창 정도가 다른 많은 나라에 비교해서도 남달리 컸던 한국 사회에서 이렇게 교육 불평등이 변하지 않았다는 사실은 다시금 교육 팽창의 절대적 측면과 상대적 측면의 구별이 얼마나 중요한지 새삼 깨닫게 한다. 그런데 이렇게 한국 사회에서 교육 팽창에도 불구하고 지속되는 교육 불평등은 이전 연구에서도 확인되었다.[26] 다만 정인관·박현준(2019)이 제시하는 연구 결과에서 한 가지 눈에 띄는 점은 출신 계급이 교육 수준에 미치는 영향력이 변하지 않았다는 모형이 제일 적합하지만 코호트별로 구체적인 출신 계급 효과의 크기를 살펴보면 1950-54년 코호트부터 1970-74년 코호트까지는 부모 계급 효과가 일관되게 약화되었다가 1975-79년 코호트와 1980-84년 코호트에서 높아지는 추세이다.

반면에 정인관·박현준(2019)의 연구에 따르면 [그림 2.4]의 경로 C에 해당하는 아들의 교육 수준이 본인의 계급(도달 계급) 성취에 미치는 영향력은 계속해서 약화되어 왔다. 본인 교육과 도달 계급 간의 연관성이 1950-54년 코호트에서 1이라고 할 때 1960-64년 코호트에서는 0.86, 1970-74년 코호트에서 0.80, 그리고 가장 최근 코호트인 1980-84년 코호트에서는 0.70으로 지난 일곱 개 코호트를 거쳐 오는 동안 교육과 도달 계급 간의 연관성이 30% 줄어들었다. 정확한 이유를 제시하고 있지는 않지만 빠른 교육 팽창과 함께 '졸업장 인플레이션' 주장이 예측한대로 교육의 상대적 가치가 계속해서 약화되어 온 까닭은 아닌지 가늠해본다. 정인관·박현준(2019)의 논문이 보여 주는 계급 성취에 미치는 교육 효과의 약화가 얼마나 기존의 연구들과 일치하는지 비교하기에는 2000년 이후에 이 주제로 진행된 연구가 그리 많지 않아 어렵다. Sandefur and Park(2007)은 1998년에 수집된 자료를 가지고 1960－79년, 1980－89년, 1990－98년에 학교를 졸업한 후 첫 직장을 잡은 사람들을 비교하면서 여성의 경우 전문대와 4년제 대학 학력이 첫 직업의 지위 점수나 첫 직업이 전문직/관리직일 가능성에 미치는 효과가 1990－98년 코호트에서 그 이전 두 코호트에서보다 약화되어 왔다고 밝혔다. 그러나 남성들 사이에서는 교육 효과가 세 코호트 사이에 큰 변화가 없었다. 2000년에 수집된 자료를 가지고 1987－2000년 기간 동안에 학교를 졸업하고 얼마나 빨리 취업을 했는지 또 어떤 직종으로 취업했는지를 분석하면서 장상수(2008)는 화이트칼라 상층에 진입하는 데 있어서 일반계 고등학교를 졸업한 청년들에 비해 4년제 대학 졸업자들이 누리는 우위가 조금씩 더 커졌다고 보여주었다. 이 두 연구는 정인관·박현준(2019)의 연구와는 다른 추세를 제시한다. 하지만 이 두 연구는 청년층의 첫 직장을 종속변수로 했고 아울러 2000년 혹은 그 이전의 노동 시장을 배경으로 했기 때문에 정인관·박현준(2019)의 연구와 직접적으로 비교하기는 어렵다.

교육 불평등 추세와 교육이 도달 계급에 미치는 영향력의 추세와 아울러 정인관·박현준(2019)의 연구는 그간 잘 알려져 있지 않았던 구성 효과의 전제 조건, 즉, 교육 수준이 높을수록 출신 계급과 도달 계급 간의 연관성이 약하다는 사실을 밝혀냈다. 고졸 이하의 학력을 가진 사람들 사이에서 출신 계급과 도달 계급 간의 연관성이 1이라고 할 때, 전문대나 대학 중퇴자들 사이에서는 그 연관성이 0.80, 대학 졸업자들 사이에서는 0.61이다. 다시 말해, 대학 졸업자들 사이에서 나타나는 출신 계급과 도달 계급 간의 연관성은 고졸 이하 사람들에게서 나타나는 연관성의 61%에 지나지 않는다. 구성 효과에서 기대되는 것처럼 대학을 졸업한 사람들의 경우 자신의 계급 성취에 아버지 계급이 미치는 영향력이 상대적으로 약하다. 한국 사회에서 구성 효과의 존재를 보고하고 있는 연구는 정인관·박현준(2019)의 연구가 처음이 아닐까 싶다.[27)]

그럼 이러한 출신 계급-교육 관계와 교육-도달 계급 관계, 교육 수준에 따른 출신 계급과 도달 계급 간의 연관성의 이질성(즉, 구성 효과)이 지난 30년간 약화되어 온 출신 계급과 도달 계급 간의 전반적인 연관성에 어떤 영향을 미쳤는가? 이 문제에 답하기 위해서 정인관·박현준(2019)은 Breen(2010b)이 영국, 독일, 스웨덴에서의 세대 간 사회이동 연구에 적용하고 이어서 Pfeffer and Hertel(2105)이 미국에 적용한 방법론을 한국에 적용했다. 이 방법은 먼저 특정한 가정(counterfactual)에 기반을 둔 추세를 추정한 후 실제로 관측되는 추세와 비교한다. 한국의 경우를 자세히 설명하면 앞서 살펴보았듯이 일곱 개 코호트에 걸쳐 실제로는 출신 계급과 도달 계급 간의 연관성이 계속해서 약화되었다. 이렇게 실제로 관측된 추세는 [그림 2.4]의 삼각형 모형에서처럼 출신 계급-교육(경로 A), 교육-도달 계급(경로 C), 교육 수준별로 다른 출신 계급-도달 계급 간의 연관성(구성 효과), 그리고 자세히 설명하지는 않았지만 교육을 매개로 하지 않는 출신 계급이 도달 계급에 직접적으로 미치는 효과(경로 A)가 모두 혼합되어 나타나는 결과이다. 이제 이처럼 다양한 요소 가운데 제일 먼저 교육 팽창과 연관되어 있는 구성 효과만이 작동했고 나머지 요소들은 작동하지 않았다고 가정해보자. 이런 가정하에 추정된 출신 계급과 도달 계급 간의 연관성 추세가 있을 텐데 만약 이런 가정에 기반을 둔 추세가 실제로 관측되는 추세와 비슷하다면, 실제 세대 간 사회이동 추세에 구성 효과가 큰 역할을 한 것이라고 결론지을 수 있다. 구성 효과만 작동했다고 가정했을 때 생기는 가상의 추세가 실제로 관측된 추세와 닮았으니 이는 실제 추세를 낳는데 구성 효과가 큰 역할을 하고 있음을 간접적으로 보여준다.

다음으로 출신 계급이 교육 수준에 미치는 영향이 줄었다는 교육 평등화가 구성 효과와 더불어 작동했다고 가정하자. 즉, 출신 계급과 도달 계급 간의 실제 연관성 추세가 구성 효과와 교육 평등화 효과에 의해서 생겨난 것이라고 가정하고 이런 가정을 할 때 발생되는 출신 계급과 도달 계급 간의 연관성 추세가 실제로 관측된 추세와 얼마나 유사한지 비교한다. 만약 구성 효과와 교육 평등화 효과가 같이 작동한다는 가정하에 생겨나는 추세가 실제 추세와 유사하다면 지난 30년간 실제로 계속해서 약화되어온 출신 계급과 도달 계급 간의 연관성은 이 두 가지 효과로 설명될 수 있다. 그런데 만약 이 두 가지 효과가 같이 작동한다고 가정한 추세가 실제 추세에 근접하지만 구성 효과만이 작동한다는 가정하에 생겨난 첫 번째 가상 추세와는 많이 다르다면, 이는 실제 추세를 낳는데 구성 효과보다는 교육 평등화 효과가 더 큰 역할을 했음을 시사한다. 즉, 구성 효과와 교육 평등화 효과에 기반을 둔 추세를 실제 추세뿐만 아니라 구성 효과만을 가정한 가상의 추세와도 비교함으로써 실제 추세에 구성 효과와 교육 평등화 효과 가운에 어떤 효과가 더 지배적인 영향을 끼쳤는지를 가늠할 수 있다.

마지막으로, 한 단계 더 나아가서 이제는 구성 효과, 교육 평등화 효과 이외에도 교육이 도달 계급에 미치는 효과가 코호트별로 달라졌다고 가정한 후 생겨나는 출신 계급과 도달 계급 간의 연관성 추세를 실제 추세와 비교할 수 있다. 앞의 두 가지 가정과 마찬가지로 이 세 가지 효과가 모두 작동한다는 가정하에 생겨나는 추세가 실제 추세와 유사하다면 이 세 가지 효과 모두 작동해서 실제 추세를 낳았다고 볼 수 있다. 나아가 구성 효과만 작동했다는 가정에 기반을 둔 추세, 구성 효과와 교육 평등화 효과가 같이 작동했다는 가정에 기반을 두 추세와 비교함으로써 각각의 요소가 실제 추세에 어떤 영향을 미쳤는지 알 수 있다. 지금까지 간단히 요약한 가정(counterfactual)에 기반을 둔 추세와 실제 추세를 비교하는 방법론을 좀 더 자세히 알기 위해서는 정인관·

박현준(2019) 논문에서 소개되는 부분을 보거나 그 논문에서 주요 참고문헌으로 사용된 Pfeffer and Hertel(2015)나 Breen(2010b)를 참조하면 된다.

이런 방법론에 의지해 정인관·박현준(2019)은 한국 사회에서 지난 30년간 약화되어 온 출신 계급과 도달 계급 간의 연관성은 교육 평등화와 구성 효과의 영향을 주로 받았다고 주장한다. 먼저 교육 평등화 효과를 살펴보자. 앞서 설명했듯이 아버지 계급이 아들의 교육 수준에 미치는 영향력은 단선적인 추세를 보이지 않는다. 다만, 1950－54년 코호트에서 1970－74년 코호트까지는 계속해서 약화되어 오다가 1975－59년 코호트에서는 그 방향이 바뀜을 앞서 지적했다. 이런 추세를 반영해서 교육 평등화 즉, 아들의 교육 수준에 미치는 아버지 계급 효과가 계속해서 약해지는 추세는 1950－54년 코호트부터 1970－74년 코호트에 이르기까지 출신 계급과 도달 계급 간의 연관성을 낮추는 데 기여했다. 반면에 이전 코호트와 비교해서 1975－79년 코호트와 1980－84년 코호트에서 계속해서 출신 계급과 도달 계급 간의 연관성이 약화되지만 이 두 코호트에서는 교육 평등화가 이뤄지지 않았기 때문에 교육 평등화가 아니라 다른 요소의 변화가 이 두 최근 코호트에서 나타난 사회이동의 증가를 설명할 수 있다. 정인관·박현준(2019)에 따르면 1970년대 이후 출생자들이 특히 덕을 본 교육 팽창 때문에 그로 인한 구성 효과가 1970년대 이후 출생자들 사이에서 출신 계급과 도달 계급 간의 연관성을 낮추었다. 상대적으로 규모가 작았던 교육 팽창 때문인지 1960년대와 그 이전 출생자들 사이에서는 구성 효과가 그다지 큰 역할을 하지 못했다. 대신에 이미 설명한대로 이 세대에서는 교육 평등화 효과가 더 큰 역할을 했던 것이다.

이처럼 교육 평등화와 구성 효과가 출신 계급과 도달 계급 간의 연관성을 낮추는 데 기여한 반면에 흥미롭게도 최근 코호트에 와서 상대적인 역할이 커지기는 했지만, 교육이 도달 계급에 미치는 효과의 시계열적 변화는 출신 계급과 도달 계급 간의 전반적인 연관성 추세에 큰 영향을 끼치지 못했다. 정인관·박현준(2019)도 언급하고 있듯이 이 발견은 다소 의아스럽다. 앞서 각각의 요소가 어떻게 변했는지 살펴보면서 한국 사회에서 지난 30년간 교육이 도달 계급에 미치는 영향력은 일관되게 약화되었음을 발견할 수 있었다. 그러나 이제 교육이 도달 계급에 미치는 효과가 줄었다는 그런 추세가 출신 계급과 도달 계급의 연관성이 전반적으로 약화된 것에는 그다지 큰 영향을 미치지 못했다는 것이다. 결론적으로 한국 사회에서 지난 30년간 진행되어 온 세대 간 사회이동의 증대는 교육 평등화와 구성 효과에 기인한 것이다. 교육 평등화와 구성 효과 모두 교육 팽창과 관련되었다는 점에서 한마디로 교육 팽창 속에서 한국 사회의 세대 간 사회이동이 더 활발해졌다고 할 수 있다.

CHAPTER

04

세대 간 사회이동의 국가 간 비교

CHAPTER 04

세대 간 사회이동의 국가 간 비교

이 책은 기본적으로 한국 사회의 세대 간 사회이동 추세를 파악하는 데 목적이 있고 지금까지 소개한 여러 가지 분석들은 모두 이 목적을 위한 것이었다. 이 책을 마무리 짓기 전에 한국의 세대 간 사회이동이 다른 나라와 비교했을 때 어느 정도 수준인지 간략히 언급하고자 한다. 세대 간 상대적 이동이 최근 코호트로 올수록 더 활발해졌지만 그 수준이 다른 나라의 상대적 이동과 비교했을 때 어떻게 되는지 살펴볼 필요가 있다. 다만, 여러 국가에 걸쳐 동일한 시점 혹은 코호트들의 세대 간 사회이동표를 얻기가 수월하지 않다. 예를 들어, Park(2003)은 한국에서 1990년에 수집된 사회 조사 자료를 가지고 남성 20−64세에 해당되는 사람들을 골라서 그들의 출신 계급과 도달 계급을 교차시켜 세대 간 사회이동표를 구성했다. 이렇게 구성된 1990년도 한국 사회이동표에서 드러나는 출신 계급과 도달 계급 간의 연관성을 주로 1970년대에 수집된 자료에서 얻어지는 영국, 프랑스, 스웨덴에서의 연관성과 비교하였다. 이 세 유럽 국가와 비교하면서 1970년대에 수집된 자료를 사용할 수밖에 없었던 이유는 당시 그 세 나라에서 1990년대에 수집된 자료로부터 구성된 사회이동표를 얻을 수 없었기 때문이다. 1970년대에 수집된 자료로부터 얻어진 사회이동표는 기존에 출판된 논문[1)]에 제시되어 있어서 손쉽게 이용할 수 있었다. 이처럼 1990년도에 만들어진 한국 자료를 1970년대의 영국, 프랑스, 스웨덴 자료와 비교한다는 측면에서 문제점이 있지만 어쨌든 Park(2003)의 연구 결과는 1990년의 한국 세대 간 사회이동표에서 드러나는 출신 계급과 도달 계급 간의 연관성은 1970년대 영국, 프랑스, 심지어 스웨덴의 사회이동표에서 드러나는 연관성에 비해 약하다는 것을 보여주었다. 1990년의 한국 사회는 1970년대의 영국, 프랑스, 스웨덴보다 더 개방적이었던 것이다. 세대 간 사회이동과 관련해서 가장 사회 유동성이 큰 나라 중의 하나로 간주되는 스웨덴보다도 한국의 사회 유동성이 더 크다는 발견은 상당히 놀랍다. 하지만 같은 시점에 수집된 자료를 사용하지 못하다 보니 Park(2003)의 이러한 발견은 그다지 주목을 끌지 못했다.

이제 보다 근래에 수집된 자료로부터 얻어진 세대 간 사회이동표를 가지고 유럽의 몇 나라와 한국의 사회이동 수준을 비교하려고 한다. 문제는 현재 이 책에서 분석하고 있는 세대 간 사회이동표는 시기(period)가 아니라 코호트에 따라 구성된 것이다. 반면에 기존 문헌에서 제시되고 있는 유럽 몇몇 국가들의 세대 간 사회이동표는 주로 시기에 따라 구성된 것이다. 예를 들어, Breen이 2004년에 편집한 『유럽에서의 사회이동－Social Mobility in Europe』이라는 책은 유럽 11개 나라의 사회이동 추세를 분석하고 있다. 이 책에서는 몇몇 나라에 한해 세대 간 사회이동표가 직접 제공되어 있고 혹은 직접 제공되지 않더라도 제시되어 있는 절대적 이동율, 특히 유출율을 통해 사회이동표를 재구성할 수 있다. 그러나 여러 국가들에서 가장 최근 자료는 1990년대 초반에 수집된 자료뿐이다. 그래서 결국 1995년 무렵 혹은 그 이후에 수집된 자료를 가지고 세대 간 사회이동표를 제시하고 있는 나라는 이탈리아(1997), 폴란드(1994), 노르웨이(1995) 뿐이다. 한국의 많은 자료가 1990년대 후반 이후에 수집된 자료라서 그나마 시점을 비슷하게 맞추기 위해서는 유럽에서 1995년 무렵에 수집된 자료를 찾아야 했다. 다시 강조하지만 이 세 유럽 국가의 세대 간 사회이동표는 특정 연도에 대략 25-64세의 성인 남성들을 모두 포함해서 이들의 현재 계급을 도달 계급으로 이들의 성장기에 아버지가 속했던 계급을 출신 계급으로 삼아 구성한 것이다. 따라서 이처럼 특정 연도에 수집된 자료가 아니라 여러 연도에 걸쳐서 수집된 자료로부터 출생 코호트를 나눠서 구성한 한국의 세대 간 사회이동표는 직접적으로 비교하기가 수월하지 않다.

이런 어려움을 충분히 지적한 후 그럼에도 유럽 세 국가의 세대 간 사회이동표에서 드러나는 출신 계급과 도달 계급 간의 연관성을 지금까지 사용해 온 한국의 코호트 자료에서 드러나는 출신 계급과 도달 계급 간의 연관성과 조심스럽게 비교하는 작업을 시도해본다. 기억을 하고 있다면 한국에서 출신 계급-도달 계급 간의 연관성은 최근 두 코호트에 와서 더욱 약화되었다. 따라서 더욱 약화되기 전의 코호트인 1970-74년 코호트를 그 이후의 두 코호트와 비교하고 또 이들을 모두 세 유럽 국가와 비교한다. 구체적으로 1997년 자료에 기반을 둔 이탈리아의 세대 간 사회이동표, 1994년 자료에 기반을 둔 폴란드의 세대 간 사회이동표, 1995년 자료에 기반을 둔 노르웨이의 세대 간 사회이동표, 한국의 경우 1970-74년 코호트, 1975-79년 코호트, 1980-84년 코호트의 세대 간 사회이동표를 가지고 세대 간 계급 연관성이 어떻게 차이나는지 살펴본다. 유럽 세 국가의 세대 간 사회이동표가 1995년을 전후로 구성된 것들이어서 한국의 코호트 중에서 1995년에 30-34세가 되는 1965-69년 코호트가 그나마 조금이라도 비교가 수월한 코호트이겠으나 실제로 이 코호트는 1970-74년 코호트와 그다지 다르지 않은 사회 유동성을 보이기 때문에 이후로 사회 유동성이 더 높아지는

1970-74년 코호트를 비교 대상으로 삼는다.

상대적 사회이동의 국가 간 차이를 살피기 전에 간략하게나마 도달 계급 구성이 나라마다 어떤지 먼저 살펴보자. [그림 4.1]은 앞서 자세히 설명한 EGP 계급 분류틀에 따른 여섯 개 계급의 구성비를 각 나라마다 제시한다. 한국의 경우 이미 [그림 3.1]에서 각 코호트별 계급 구성비를 제시했기 때문에 세 코호트의 구성비를 모두 제시하지 않고 국가 간 비교를 위해 1970-74년 코호트의 구성비만 제시한다. 일단 전문직과 관리직이 중심이 되는 최상위층 서비스 계급 분포를 살펴보면 한국 1970-74년 코호트의 26%가 서비스 계급에 속한다. 다시 말하지만, 이는 이미 앞서 [그림 3.1]을 요약하면서 이미 밝힌 바 있다. 한국에서의 서비스 계급 비중은 이탈리아에서의 그것과 비슷하며 노르웨이의 36%보다는 적다. 폴란드는 상대적으로 서비스 계급 비중이 적다.

다른 국가들에 비해 한국에서 유달리 큰 비중을 차지하는 계급은 일상적 비육체노동자 계급이다. 한국에서는 서비스 계급만큼이나 큰 비중(26%)을 차지하는데 비슷한 비중의 서비스 계급을 가진 이탈리아에서는 12%에 지나지 않고 서비스 계급의 비중이 한국보다 큰 노르웨이에서는 13% 정도 밖에 되지 않는다. 폴란드에서는 심지어 그 비중이 5%를 넘지 않는다. 이처럼 일상적 비육체노동자 계급 비중이 한국에서 유독 큰 이유는 대학 교육의 팽창으로 많은 사무직들이 생겨나고 대학 졸업자들 가운데 전문직·관리직을 갖지 못하는 사람들은 많은 경우 이런 사무직을 가지게 되었기 때문이 아닌지 추측한다. 거기다가 앞서 직종 분류([그림 3.8])에서 보았듯이 판매직과 서비스직에 종사하는 사람들의 비율이 높은 경제 구조도 한몫을 했다고 보인다. Park(2003)에 따르면 1990년 자료에서 구성된 세대 간 사회이동표에서도 도달 계급의 경우 일상적 비육체노동자 계급이 차지하는 비중이 영국, 프랑스, 스웨덴에 비해 한국에서 눈에 띄게 높았다. 이때는 한국의 서비스 계급이 아직 상대적으로 작은 비중을 차지하고 있을 때였다.

그림 4.1 국가별 도달 계급 분포(%)

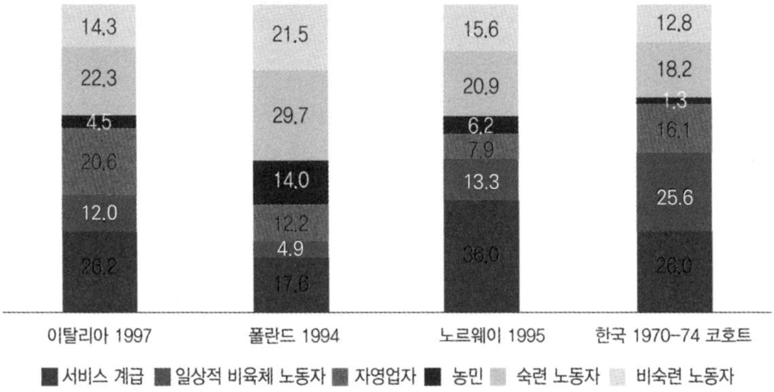

이탈리아와 한국에서는 특히 노르웨이와 비교할 때 자영업 계급의 비중이 상대적으로 높다. 이탈리아에서는 아들들의 21%가 자영업자인 반면에 한국에서는 아들들의 16%가 자영업자이다. 반면에 노르웨이에서는 8%만이 자영업자 계급에 속한다. 이 또한 Park(2003)이 1990년 세대 간 사회이동표에서 이미 지적한 사항이다. 차이가 조금 있지만 한국의 노동자 계급(숙련노동자와 비숙련노동자 계급을 모두 포함해서)의 비중이 유럽 국가들에서의 비중과 비교해 도드라지게 낮지 않다. 한국의 1970-74년 코호트 가운데 31% 정도가 노동자 계급에 속했는데 이는 이탈리아의 37%와 노르웨이의 37%에 비해 낮지만 큰 차이가 나는 정도는 아니다. 다만 폴란드의 경우 51%가 노동자 계급에 속한다.

한국의 1970년대 출생자들 가운데 농민 계급이 차지하는 비중은 아주 사소하다는 것을 이미 앞서 [그림 3.1]에서 보았다. 폴란드는 물론이거니와 이탈리아나 노르웨이와 비교해서도 한국의 농민 계급 비중은 사소하다. 물론 자료 성격상 한국과 다른 세 개 국가를 직접 비교할 수는 없다. 한국의 경우 코호트에 기반을 둔 자료이어서 코호트에 속하는 모든 사람들이 1970-74년에 태어났다고 해도 언제 수집된 자료에 포함된 샘플인지에 따라서 몇 세 직업을 기준으로 그들의 계급이 결정되는지는 다를 수 있다. 예를 들어, 1970－74년에 출생한 이들이 2000년에 수집된 자료에 있었으면 30－34세 때의 직업을 기준으로 그들의 계급이 결정될 것이고 이들이 2010년에 수집된 자료에 있었으면 40－44세 때의 직업을 기준으로 그들의 계급이 결정된다. 이 책의 기본이 되고 있는 정인관·박현준(2019)의 연구에서 가장 근래에 수집된 자료가 2011년이기 때문에 실제로 1970－74년 코호트의 계급은 41－45세 혹은 그보다 어린 나이 때의 직업을 기준으로 결정되었다. 반면에 앞서도 지적했듯이 유럽 세 개국의 자료는 특정 연도에 수집된 자료에서 대략 25－64세에 해당되는 성인 남자들을 포함한다. 따라서 한국 자료와 유럽 세 개국의 도달 계급 분포가 반드시 비교 가능하다고는 할 수 없으니 [그림 4.1]을 통해 도달 계급 분포를 비교하고자 할 때는 주의가 필요하다.

이제 도달 계급 분포를 넘어서 상대적 이동을 살펴보기 전에 몇 가지 절대적 이동율 지표를 살펴보기로 하자. 앞에서 한국의 시계열적 추세를 분석할 때 살펴보았던 총이동율, 상승 이동율, 하강 이동율, 수평 이동율을 살펴본다. 한국의 일곱 개 코호트별로 이러한 절대적 이동율 지표들을 제시한 [그림 3.2]를 기억하면 좋겠다. 여기서는 상승 이동, 하강 이동, 수평 이동을 어떻게 정의했는지 반복해서 설명하지는 않겠다.

먼저 총이동율을 살펴보면 한국의 1970－74년 코호트의 경우 82%가 아버지와 다른 계급에 도달했다. 이는 앞서 [그림 3.2]에서 이미 설명한 바 있다. 이러한 한국의 총이동율은 이탈리아(70%), 폴란드(66%), 노르웨이(68%)의 총이동율보다 높다. 특히 열 명 중에 여덟 명의 아들이 아버지 계급과 다른 계급에 도달한 한국의 총이동율은 유럽 세 국가와 비교할 때 두드러지게 높다. 다시 말해, 그만큼 세대 간 계급 변동이 한국 사회에서 더 큰 규모로 이루어졌다. 이미 [그림 3.2]에서 살

그림 4.2 절대적 이동율의 국가 간 비교

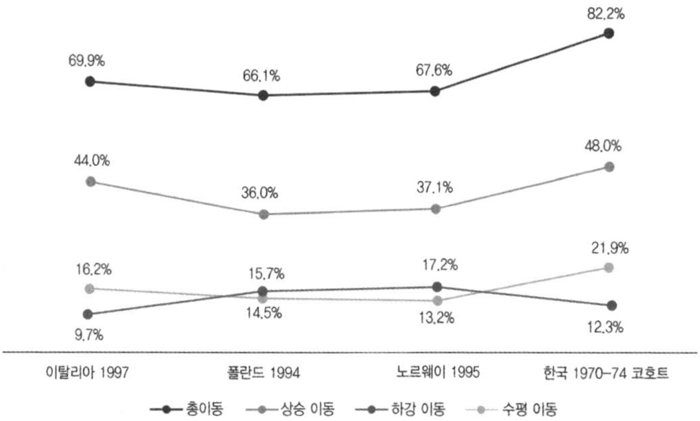

펴봤듯이 총이동율은 가장 최근 코호트인 1980-84년 출생자들 사이에서 78%로 약간 낮아진다. 하지만 여전히 유럽 세 나라의 총이동율과 비교해 높은 수준이다. 이처럼 한국의 1970년대 출생 코호트들이 보여주는 국제적으로 높은 수준의 총이동율은 요사이 세대 간 사회이동이 어려워지고 있다는 담론에 대한 또 하나의 비판이 된다. 그 담론이 설상 맞더라도, 즉, 아무리 사회이동이 어려워졌다고 해도 한국의 최근 코호트들은 적어도 유럽의 세 국가에서 관찰되는 총이동율보다 높은 수준의 총이동율을 보여준다.

[그림 4.2]에 포함되어 있는 네 개 사회 모두에서 총이동율의 가장 큰 부분은 상승 이동이다. 여기서도 한국의 1970-74년 코호트는 가장 높은 상승 이동율을 보여준다. 1970-74년 코호트의 48%가 아버지 계급보다 높은 지위의 계급에 도달했다. 이탈리아의 44%보다는 약간 높지만 폴란드의 36%나 노르웨이의 37%에 비교해 10% 포인트 이상이 높은 수준이다. 물론 [그림 3.2]에서 볼 수 있었듯이 이러한 상승 이동율은 이후 코호트에서 계속해서 낮아져 가장 최근 코호트에 오면 41%

가 된다. 이는 이탈리아의 상승 이동율보다는 조금 낮지만 폴란드나 노르웨이의 상승 이동율과 비교할 때 낮지 않다.

하강 이동율 측면에서는 이탈리아의 하강 이동율이 가장 낮다. 한국의 하강 이동율은 폴란드와 노르웨이의 하강 이동율과 크게 다르지 않다. 한국과 이탈리아는 수평 이동율이 하강 이동율에 비해 높다는 점에서 비슷하다. 다시 말해, 이 둘 국가에서는 상승 이동, 하강 이동, 수평 이동 중에서 하강 이동율이 가장 낮다. 반면에 폴란드와 노르웨이에서는 수평 이동율과 하강 이동율이 비슷하거나 하강 이동율이 약간 높게 관찰된다. 네 가지 절대적 이동의 지표들을 종합적으로 관찰할 때 상대적으로 이탈리아와 한국, 그리고 폴란드와 노르웨이의 절대적 이동 유형이 서로 비슷하다고 할 수 있겠다.

지금까지 절대적 이동을 살펴보았으니 이제 한국의 상대적 사회이동이 이탈리아, 폴란드, 노르웨이의 그것과 비교해 보다 활발한지 어려운지 살펴보기로 하자. 한국은 유럽 세 국가와 비교해 더 개방적인 사회인가? 앞에서 소개했지만 1990년도 자료를 가지고 Park(2003)은 한국의 사회 유동성이 영국, 프랑스, 스웨덴의 사회 유동성보다 높다는 다소 도발적인 근거를 제시했다. 1970−74년 코호트들이 보여주는 사회 유동성은 어떨까? 앞서 한국의 상대적 이동의 시계열적 추세를 파악하고자 할 때 사용한 대수승법층효과 모형를 이번에는 네 개 국가의 사회이동표에서 적용해 출신 계급과 도달 계급 간의 연관성을 국가 간에 비교하기로 한다. 이때 한국의 경우 1970−74년 코호트뿐만 아니라 1975−79년 코호트와 1980−84년 코호트까지 분석에 포함한다. 절대적 이동율의 경우는 앞서 한국만을 분석할 경우와 중복되어 다시 최근 두 코호트의 절대적 이동율 수치를 다시 제시 할 필요가 없었지만, 상대적 이동율의 경우는 한국의 예전 코호트가 아니라 이탈리아, 폴란드, 노르웨이가 비교 집단이 되기 때문에 1970−74년 코호트와 같이 분석에 포함한다. 다시 말해, 분석에 포함되는 사회이동표는 총 여섯 개다(이탈리아, 폴란드, 노르웨이, 한국 1970－74년 코호트, 한국 1975－79년 코호트, 한국 1980－84년 코호트).

여섯 개의 사회이동표에 우선 대수승법층효과 모형을 적용하면 출신 계급과 도달 계급 간의 연관성이 이 여섯 개 사회이동표에서 모두 동일하다고 가정하는 모형에 비해 더 간결하다.[2] 다시 말해, 출신 계급과 도달 계급 간의 연관성이 국가마다 다르다. 이렇게 이질적인 사회 유동성 모형이 더 적합하다고 밝혀진 이상 이제 대수승법층효과 모형에서 추정되는 각 나라별 출신 계급과 도달 계급 간의 연관성을 구체적으로 살펴보는 작업으로 넘어갈 수 있다. 기억하겠지만, 대수승법층효과 모형은 기준이 되는 사회이동표에서 드러나는 출신 계급과 도달 계급의 연관성을 1로 하고 나머지 사회이동표에서 나타나는 연관성을 이에 대비한 수치로 표현한다. 여기서는 이탈리아 1995년 사회이동표를 기준으로 하겠다.

[그림 4.3]은 출신 계급과 도달 계급 간의 연관성이 유럽 세 개 국가와 한국의 세 출생 코호트에 따라 어떻게 다른지 보여준다. 연관성이 1인 이탈리아와 비교했을 때 폴란드와 노르웨이, 한국의 세 출생 코호트 모두 1보다 작은 연관성을 나타낸다. 폴란드에서의 출신 계급－도달 계급 간의 연관성은 기준이 되는 이탈리아에서의 연관성의 75%에 지나지 않으며 노르웨이에서의 연관성은 71%, 한국의 1970－74년 코호트에서의 연관성은 67% 밖에 되지 않는다. 다시 말해, 출신 계급과 도달 계급 간의 연관성은 이탈리아에서 제일 강하다. 한국의 1970－74년 코호트의 경우 폴란드와 노르웨이와 다소 유사한 수준의 연관성을 드러내지만 최근 두 코호트는 눈에 띄게 낮은 연관성을 보여준다. 1975－79년 코호트의 경우 이탈리아에서의 연관성의 41%에 지나지 않고 약간 약해졌지만 가장 최근 코호트에서도 47% 밖에 되지 않는다. 유럽 세 국가와 비교했을 때 한국의 최근 두 코호트는 도달 계급에 미치는 출신 계급의 영향력이 확실히 약하다. 이 결과는 일찍이 Park(2003)이

그림 4.3 국가 간 비교: 출신 계급과 도달 계급 간의 연관성

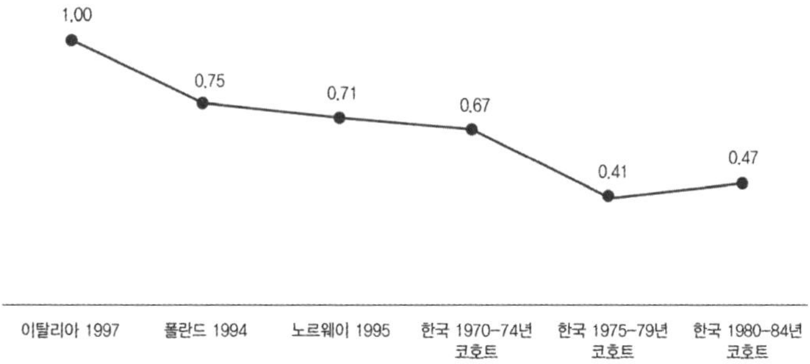

1990년에 수집된 한국 자료와 1970년대에 수집된 영국, 프랑스, 스웨덴 자료를 비교해 출신 계급과 도달 계급 간의 연관성이 한국에서 제일 낮다고 밝힌 연구와 일맥상통한다. 유럽의 여러 국가들에 비해 상대적으로 한국에서 세대 간 사회이동이 더 활발하다는 결론을 내릴 수 있다.

CHAPTER

05

결 론

CHAPTER 05

결 론

EGP 계급 구분에 의존하거나 흔히들 일상에서 많이 논의하는 직종 구분에 의존하거나에 상관없이 지금까지 살펴 본 분석 결과는 한국 사회에서 출신 계급·계층이 도달 계급·계층에 미치는 효과는 계속해서 약화되어왔다는 것을 일관되게 보여준다. 한국 사회는 더욱 개방적이 되어 온 것이다. 여기서 한 사회의 개방성을 살피는 데 있어 핵심적인 분석틀은 상대적 이동과 절대적 이동을 구분하는 것이다. 사회의 유동성 혹은 기회의 불평등을 가리키는 지표는 상대적 이동이다. 절대적 이동과 상대적 이동은 다른 요인에 의해 영향을 받으며 따라서 반드시 같은 추세를 보이는 것은 아니다. 절대적 이동은 직업 구조의 변화에 따른 직업 구성의 변화에 민감한 반면에 상대적 이동은 두 출신 계급과 두 도달 계급 간의 복잡한 관계로 맺어있는 것으로 계급구조 분포의 변화로부터 자유롭다. 계급의 주변부 분포를 통제한 후 드러나는 순수한 출신 계급과 도달 계급 간의 연관성은 최근 코호트로 오면서 약화되었다.

이처럼 상대적 이동으로서의 사회이동은 한국 사회가 점점 더 개방적이 되어 왔음을 가리키는데 왜 사람들은 세대 간 사회이동이 점점 더 어려워진다고 생각하는 것일까? 사람들의 사회 개방성에 대한 인식은 계급구조의 변화를 직접적으로 반영하는 절대적 이동과 관련될 가능성이 많다. 이전 세대에 비해 더 이상 상층부로 올라가지 못한다고 느끼는 까닭은 실제로 두 개의 다른 출신 계급의 아들들이 상층부로 진입하는데 어떤 차이를 보이는가 하는 상대적 의미에서의 사회이동이 아니라 실제로 교육을 많이 받은 최근의 젊은이들이 그 부모 세대에 비해 상층부에 진입하기 어렵다는 절대적 이동의 현실을 반영하는 것일 수 있다. 절대적 이동과 관련해서 총이동율이 대략적으로 1970년대 출생자들을 전후로 증가세를 멈추고 또 상승 이동이 줄어들며 대신에 하강 이동이 늘어났다는 경험적 근거를 확인할 수 있었다. 아울러 구조적 이동 지표를 통해 계급 구조 가장 상층에 위치한 서비스 계급과 화이트칼라 계급 중의 하나인 일상적 비육체노동자 계급이 매 새로운 세대에 이전 세대와 비교해서 증대되는 추세가 계속되어 오다가 가장 최근 코호트에 와서는 그 추세가 멈춘다는 것을 알았다. 다시 말해, 1970년대 중후반부터 1980년대 초반 코호트에서 갑자기 절대적 이동이 어려워졌다고 하기 보다는 그 증가세가 둔화되었다고 하는 것이 더 적절하겠다. 그러나 상대적으로 이전 코호트에 비교해 절대적 이동이 그만큼 일어나지 않게 되자 사회이동이 더 어려워졌다고 느끼게 된 건 아닌지 추측해본다. 구조 이동 지표가 보여주고 있듯이 가장 최근 코호트에서도 여전히 서비스 계급이나 일상적 비육체노동자 계급의 크기는 아버지 세대보다 자식 세대에 더 크다. 하지만 지금까지 매 코호트 계속해서 그 증가폭이 커오다가 가장 최근 코호트에 와서 그렇지 못하게 된 것이다. 이럴 경우 그만큼 세대 간 이동의 어려움이 크게 느껴질 수 있겠다.

하지만 절대적 이동이 최근 코호트에 와서 둔화되었다는 것도 과장되어서는 안 된다. 총이동율, 유출율, 유입율 등 여러 분석에서 농민 계급을 제외할 때와 포함할 때의 추세를 살펴보면 농민을 포함하지 않았을 때 절대적 이동이 최근 코호트들에까지도 어느 정도 계속되고 있음을 볼 수 있다. 이전 코호트들에서 상승 이동이 많고 하강 이동이 적었던 이유는 농민 출신들이 많았기 때문이고 따라서 농민 출신들을 제외하면 그만큼 1950년대와 1960년대 코호트들의 절대적 이동이 농민 계급을 포함했을 때보다 낮아진다. 그럴 경우 상대적으로 변화가 적은 최근 코호트들까지 다소 선형적으로 상승 이동이 계속되게 된다. 절대적 이동이 어려워지기 때문에 사회이동이 어려워진다는 인식에서 한발 더 나아가 절대적 이동이 어려워지게 된 이유는 특별히 최근 코호트에 와서 어려워진 것이 아니라 1950년대와 1960년대 농민 계급의 급속한 축소로 절대적 이동이 많았기 때문이다. 그래서 농민 계급을 제외하면 최근 코호트의 상승 이동율이 1950년대, 1960년대 코호트의 상승 이동율보다 더 높다. 결과적으로 농민을 제외하면 최근 코호트에 올수록 사회이동이 어려워진다는 인식과 달리 상승 이동이 계속해서 증가해왔음을 알 수 있다.

이 책의 핵심적 결론의 하나는 한국 사회에서 상대적 이동이 줄어든 것이 아니라 오히려 늘어났다는 것이다. 그리고 교육 팽창은 이런 한국 사회 개방성 확대에 중요한 기여를 했다. 교육 팽창과 함께 이뤄진 교육 평등화는 특히 1950－54년 코호트와 1970－74년 코호트 사이에 출신 계급과 도달 계급 간의 연관성을 약화시켰다. 그 이후 코호트에서는 교육 팽창에 따라 대학졸업자의 비중이 증가하면서 그만큼 출신 계급과 도달 계급 간의 연관성이 낮은 집단이 전체 사회에서 차지하는 비중이 증가한 구성효과의 영향을 받아 세대 간 사회 불평등이 약화될 수 있었다. 이런 결과는 요사이 대학졸업장이 안정적인 직장을 보장해 주지 못한다면서 대학 교육이 더 이상 사회이동의 통로가 되지 못한다는 담론과는 거리가 멀다.

여기서 분명히 해야 할 점은 이처럼 한국 사회에서 세대 간 사회이동이 줄지 않고 오히려 늘었다는 결론은 최근에 증가한 소득 불평등의 추세가 가지는 심각성이나 의미를 축소시키지 않는다. 앞에서 계층이동 사다리를 비유로 든 미국 경제학자들 이야기를 하면서도 밝혔듯이 상층 계급에 도달할 수 있는 상대적인 가능성이 예전 세대에 비해 최근에도 그리 크게 다르지 않더라도(즉, 상대적 사회이동이 변하지 않았더라도) 혹은 심지어 상대적인 이동이 더 수월해졌다고 해도, 소득 불평등의 증가로 상층 계급과 하층 계급 간의 경제조건과 기타 생활조건 차이가 더 늘어나고 있다는 점은 여러 가지로 중요한 의미를 지닌다. 특히 상층과 하층 간에 더욱 늘어가는 경제조건의 차이는 아이들에게 투자되는 자원과 시간 측면에서 상층과 하층 사이에 그 격차가 더욱 벌어짐을 의미할 수 있으며 결국 다음 세대의 사회이동에 중요한 영향을 미칠 수 있다.[1)]

책을 끝내기 전에 몇 가지 사항을 논의하고자 한다. 우선 아마도 여전히 이 책이 사용한 EGP 계급 분류에 대해 불만이 있는 독자가 있을 수 있다. 이질적인 직업들을 한데 모은 계급 범주는 특정한 직업 안에서 일어나는 이동과 세습을 살펴보기에는 너무 큰 범주라는 비판은 정당하다. 그 비판에 어느 정도 대응하고자 서비스 계급만 따로 살펴보기도 했고 심지어 계급 대신에 각각의 직업의 지위를 수량화해주는 사회경제적 지수를 가지고 분석을 하기도 했다. 결과는 달라지지 않았다. 그럼에도 마이크로 계급론을 주장하는 학자들이 제안하는 것처럼 의사나 법조인처럼 구체적인 직업을 가지고 이동과 세습을 보면 이 책에서 드러난 사회 유동성의 확대라는 추세가 뒤집힐 수 있을까? 개인적으로는 아마도 큰 추세는 달라지지 않을 거라 생각된다. 정인관·박현준(2019)은 EGP 계급 분류에 기반을 둔 결과가 얼마나 믿을 수 있는 것인지 확인하는 한 방법으로 계급 대신에 교육을 변수로 세대 간 사회이동을 살펴보았다. 즉, 출신 계급과 도달 계급 사이의 연관성 대신에 아버지 교육 수준과 아들 교육 수준 사이의 연관성을 살펴 본 것이다.

출신 배경이 꼭 아버지 계급이 아니라 아버지 교육 수준으로 측정될 수도 있음을 고려한 것이다. 특히 교육 수준은 경제적 지위보다도 문화적 지위를 잘 드러낸다는 점에서 계급이나 직업과 관련이 깊지만 동시에 구별되는 측면이 있다. 저자들이 잘 요약하고 있지만 결국 계급 대신에 교육을 가지고 세대 간 사회이동을 측정하더라도 똑같이 세대 간 연관성이 점점 약화되어 온 추세를 그대로 보게 된다. 교육의 세대 간 이동이라는 측면에서도 한국 사회는 점차 개방적이 되어 온 것이다. 나아가, 이런 아버지 교육과 아들 교육 간의 연관성 약화에 구성효과가 중요한 역할을 했다는 결과 역시 계급 구분에 따라 분석했을 때 얻게 되었던 결과와 유사하다.

물론 교육 수준 변수는 계급 변수보다도 더 이질적인 사람들을 한데 묶는다는 비판이 가능하다. 특히 한국처럼 대학 교육이 팽창해서 최근 코호트에 와서는 거의 과반수가 4년제 대학을 졸업할 때 '4년제 대학 졸업'이라는 교육 수준은 4년제 대학 간의 구별을 전혀 반영하지 못한다. 대학 교육이 급속하게 팽창하게 될 때 이제는 4년제 대학을 졸업했느냐의 문제가 아니라 어떤 4년제 대학을(즉, 엘리트 4년제 대학인지 여부 등) 졸업했느냐 하는 문제가 중요시해진다. 이른바 교육 사회학자들이 교육의 수평적 불평등(horizontal inequality)이라고 명명한 문제이다.[2] 대학 위세를 반영해서 교육 수준을 좀 더 세분화했을 때에는 과연 교육의 세대 간 사회이동이 정인관·박현준(2019)이 보여준 것처럼 점점 활발해진 것이 아니라 요즘 사람들이 많이 인식하는 것처럼 점점 더 어려워졌을까?

이처럼 마이크로(micro) 계급에 기반을 둔 세대 간 계급 이동 문제를 검토하거나 대학 위세를 구분할 수 있는 정교한 교육 수준 변수를 가지고 세대 간 교육 이동 문제를 검토하거나 결국 가장 중요한 요건은 구체적인 직업과 교육 변수를 담고 있으며 그러한 구체적인 직업과 교육 수준에 해당하는 충분한 샘플을 가진 자료가 존재해야 한다는 것이다. 지난 몇십년 간 한국의 사회과학계에서 많은 종단면 조사를 실시해왔지만, 이상하게도 큰 단위의 횡단면 조사, 특히 본인과 부모 직업과 교육이라는 핵심 정보를 담은 큰 횡단면 조사가 이루어지지 않고 있다. 이런 큰 샘플을 가진 사회 조사의 부재는 세대 간 사회이동의 정확한 현 주소를 파악하기 어렵게 만든다. 현재 한국 사회에서 세대 간 사회이동 담론이 가지는 중요성을 감안할 때 세대 간 사회이동을 경험적으로 조사할 수 있는 큰 샘플의 횡단면 조사가 부재한 것은 납득이 가지 않는다. 물론 유럽이나 미국처럼 행정자료를 연계해 아버지 직업과 임금, 자식 직업과 임금을 연결할 수 있다면 더할 나위가 없겠지만, 그러한 행정자료 사용이 어려울 때 큰 단위의 사회 조사는 필수불가결하다. 그렇게 해서 수집된 대단위의 사회 조사 자료를 가지고 이 책에서 소개한대로 절대적 이동과 상대적 이동을 구별해서 각각의 시계열적 추세를 파악하는 작업이 더 활발해지기를 기대해본다.

마지막으로 이 책의 가장 큰 한계 중의 하나는 세대 간 사회이동을 남성의 경험에서만 살펴본다는 것이다. 한국 여성들의 전반적인 낮은 노동시장 참여율, 그에 따른 계급 구성의 어려움, 결혼과 출산을 전후한 노동시장 이탈과 관련된 복잡한 문제들을 이유로 들었지만, 그럼에도 불구하고 한국 여성의 세대 간 이동을 살펴보지 못해 큰 아쉬움이 남는다. 실제로 많지는 않지만 한국 여성들의 세대 간 사회이동을 살핀 몇몇 연구들이 존재한다.[3] 이런 연구들을 더욱 확장해서 한국 여성들이 경험하는 세대 간 사회이동의 구체적인 모습과 그 변화를 살피는 일이 시급하다. 한국 여성들의 세대 간 사회이동을 분석하는 데 있어 아버지 직업·계급만을 고려할지, 아버지와 어머니 직업·계급을 동시에 고려할지, 어머니의 노동시장 참여가 낮았던 한국 사회에서 어머니의 직업·계급을 어떻게 정의할지 등 많은 논의가 필요하다. 하지만 그런 어려움 속에서도 한국 여성들의 세대 간 사회이동 경험을 제대로 이해해야만 한국 사회의 세대 간 사회이동의 과거와 현재를 제대로 파악할 수 있다.

나아가 한국 여성과 남성의 세대 간 사회이동을 이해하는 데 있어서 부모 세대와 자식 세대 간의 수직적 연관성뿐만 아니라 횡적 연관성 즉, 여성과 남성의 결혼 동질성 또한 고려되어야 한다. 결혼을 통해 여성과 남성이 어떤 계급·계층 이동을 하게 되는지 또 그러한 계급 동질혼 혹은 이질혼은 지난 몇십년 동안 어떻게 변했는지 살펴보면 세대 간 사회이동과 더불어 한국 사회의 개방성을 총체적으로 이해할 수 있게 될 것이다. 실제로 여러 국가 간 비교 연구는 한국 사회의 교육 동질혼 정도가 비교적 높다는 것을 보여주었다.[4] 나아가 이 책의 저자는 예전에 김경근 교수와 함께 한국 사회 내에서 그런 교육 동질혼의 시계열적 변화를 살펴본 적이 있다.[5] 그 연구에서 흥미롭게도 1990년대 중반 이후 교육 동질혼이 계속해서 약화되고 있음을 발견했다. 즉, 교육 동질혼이 높다는 것은 교육 수준이 비슷한 여성과 남성 사이에서 결혼이 주로 이루어지고 따라서 사회가 그만큼 폐쇄적이라고 한다면 1990년대 중반 이후 한국 사회는 계속해서 개방적이 되어 왔다는 발견이다. 교육 동질혼이 약화되어 왔다는 저자와 김경근 교수의 공동 연구 결과를 아버지 출신 계급이 남성의 도달 계급에 미치는 영향력이 약화되어 왔다는 현재 이 책의 결과와 비교하면 흥미롭다. 교육 동질혼의 추세와 세대 간 사회이동의 추세가 실제로 얼마나 비슷한지, 또 그 추세 사이에 실제로 어떤 연관성이 있는지에 관한 후속 연구를 기대해본다.

미주

제 1 장

1) OECD(2016), Table A1.3.
2) 이경희 · 민인식(2016); 이진영(2017).
3) 경향비즈(http://m.biz.khan.co.kr/view.html?art_id=201708231432001)
   데일리한국(http://daily.hankooki.com/lpage/society/201708/dh20170823154312137810.htm)
   뉴스1(http://news1.kr/articles/?3081252)
4) 한국일보(https://www.hankookilbo.com/News/Read/201704271667883810)
   이데일리(https://www.edaily.co.kr/news/read?newsId=04572326615900384&mediaCodeNo=257)
5) 서울경제(https://www.sedaily.com/NewsVIew/1VQXPRL1SF)
   동아일보(http://www.donga.com/news/article/all/20191126/98532614/1)
   이코노미21(http://www.economy21.co.kr/news/articleView.html?idxno=1007207)
6) 성명재(2009); 홍민기(2017).
7) Beller(2009)가 적절하게 지적하고 있듯이 지금까지의 많은 사회이동연구들은 가족 배경으로 주로 아버지 계급을 설정하고 어머니 계급을 제대로 반영하지 못하는 한계가 있다. 뒤에서 자세히 설명하겠지만 현재 이 책 역시 이 비판으로부터 자유롭지 못하다.
8) Breen(2010a).
9) Erikson & Goldthorpe(1992).
10) 뒤에서 자세히 소개하겠지만 계봉오 · 황선재(2016) 역시 한국 사회에서 사회이동이 점점 더 어려워진다는 인식은 실제로 한국 사회의 기회 구조는 더 어려워지지 않았던 현실과 일치하지 않고 이는 절대적 이동에 의해 영향을 받았을 것이라고 추론한 바 있다. 이 책이 완성될 쯤에 출간된 리뷰 논문에서 정인관 · 최성수 · 황선재 · 최율(2020) 역시 세대 간 절대적 이동이 최근 들어 약화 혹은 감소되기 때문에 상대적 이동은 실제로 변화가 없거나 오히려 늘어나도 사람들이 다르게 인식할 수 있다고 주장한다.
11) Gerber & Hout(2004).
12) Hout(2018).
13) Breen & Luijks(2004); DiPrete(2020); Hertel & Groh-Samberg(2019).
14) Blau & Duncan(1968); Hout & DiPrete(2006).
15) 정인관 · 최성수 · 황선재 · 최율(2020), 최성수 · 이수빈(2018); Hannum, Ishida, Park & Tam(2019).
16) "더 심화된 교육불평등" "개천서 용날 확률 절반됐다" 매일경제(2019년 12월 1일)(https://www.mk.co.kr/news/society/view/2019/12/1003070/)

"韓, 교육수준 대물림 현상 심각... 美·日·英보다 심해" 서울경제(2017년 8월 23일)(https://www.sedaily.com/NewsVIew/1OJV3NDEK8)

17) 신우진·서환주·김준일(2015).

18) 한준(2016).

19) 여유진·정해석(2015).

20) https://sovidence.tistory.com/1059

21) 한 예로 Choi & Bae(2020)의 연구는 대략 2005년에서 2015년 사이에 대학을 졸업한 사람들 사이에 초기 노동 시장 진입과 관련된 결과가 더 악화되고 있다고 보고한다.

22) 이 책에서 소개하는 분석에 포함된 코호트는 1950–54년 사이에 출생한 코호트를 시작으로 1980–84년에 출생한 코호트까지 총 일곱 개 코호트이다. 제일 먼저 태어난 1950년 출생자들과 제일 나중에 태어난 1984년 출생자 사이에는 34년간의 차이가 있지만 1950–54년 코호트와 1980–84년 코호트를 비교한다는 차원에서 계속해서 '30년'간 차이라고 부르겠다.

23) Chung & Park(2019).

제2장

1) Breen(2010a); Breen & Jonsson(2005).

2) Picketty(2014); Piketty & Saez(2014).

3) Chetty, Hendren, Kline, et al.(2014).

4) Blau & Duncan(1967); Breen & Jonsson(2005); Erikson & Goldthorpe(1992); Featherman & Hauser(1978); Hout & DiPrete(2006); Treiman & Ganzeboom(2000).

5) 지금까지 세대 간 사회이동 연구는 주로 출신 위치와 도달 위치를 계급으로 구분하는 입장을 따랐기 때문에 지금부터는 계층·계급이라는 표현 대신에 계급이라고 간단히 부르겠다.

6) Breen(2010a)은 이처럼 세대 간 사회이동을 기회의 불평등을 측정하기 위한 지표(yardstick)로 사용해온 기존의 논의를 비판한다. 그의 논의에 따르면 절대적 이동은 기회의 불평등과 상관없는 직업 구조의 변화에 의해 생겨나는 것이다. 상대적 이동은 그나마 기회 불평등과 가깝다고 생각할 수 있겠으나 이마저도 문제가 있다. 상대적 이동에 미치는 많은 요인들 중에 어떤 것들은 기회의 불평등과는 상관없는 것들이 있기 때문이다. 이 책에서 저자는 Breen의 이 비판을 염두에 두긴 하겠으나 많은 사회 계층론자들이 주장하듯이 상대적 이동이 기회의 불평등 정도를 드러내는 지표라는 논의를 따른다.

7) Hout(1983).

8) 이 일곱 개 계급 분류틀은 원래 열한 개 계급으로 구성된 분류틀에 기반을 둔다. 그러나 실제로 세대 간 사회이동 연구에서 많이 사용되어 온 분석틀은 일곱 개 계급에 기반을 둔 것이다. 아울러 Erikson, Goldthorpe, & Portocarero로의 공동 작업의 업적을 기려서 보통 EGP 계급 분류틀이라고 부른다.

9) 이론적으로는 열두 개의 계급(계급 위치)을 고안했지만 현실적으로는 자료의 제약으로 그것보다 적은 수의 (예를 들어, 일곱 개) 계급이 사용되기도 한다.

Wright(1997); Western & Wright(1994).
10) Weeden & Grusky(2005).
11) Jonsson et al.(2009).
12) Hout(2019).
13) 이 책에서 승산비를 설명하기 위해 제시하는 가상의 사회이동표와 이에 관한 논의는 Marshall, Swift, & Roberts(1997)가 자신들의 책 부록(Appendix B)에서 승산비와 상대적 이동을 설명하기 위해 사용하는 사회이동표와 그에 관한 논의를 채용했다. 다만 이 책에서 제시하는 가상의 사회이동표는 Marshall, Swift, & Roberts(1997)가 사용한 가상의 사회이동표와 다르고 그에 맞게 승산비 설명도 약간 상이함을 밝혀둔다. 다시 말해, 원 저자들의 설명을 그대로 번역하기보다는 독자들의 이해를 돕기 위해 필요하다고 생각한 부분을 첨가하고 불필요한 부분은 생략했다.
14) 이 공식은 한 사회이동표에서 계산될 수 있는 많은 승산비 가운데 독립적인 승산비가 몇 개인지 알려 준다. 독립적인 승산비는 다른 승산비들이 이들로부터 계산될 수 있는 승산비를 말한다. 더 자세한 정보를 얻기 원하면 Powers & Xie(2008)와 Breen(2004)를 참조할 수 있다.
15) 지금처럼 전문가 계급 출신들의 승산과 노동자 계급 출신들의 승산의 비율로 승산비를 계산하는 대신에 노동자 계급 출신들의 승산과 전문가 계급 출신들의 승산의 비율로 계산할 수도 있다, 이럴 경우 승산비는 0.02(0.1/5)가 된다. 다시 말해, 노동자 계급 출신들이 노동자 계급으로 남지 않고 전문가 계급으로 상승 이동하는 승산이 전문가 계급 출신들이 노동자 계급으로 하강 이동하지 않고 전문가 계급을 유지하는 승산의 2/100배 밖에 안 된다고 할 수 있다. 승산비 0.02로 표현되는 출신 계급-도달 계급 간의 연관성은 승산비 5로 표현되는 연관성과 같은 강도이다.
16) Raftery & Hout(1993)는 교육 팽창이 반드시 교육 기회 구조의 불평등을 줄이지는 못한다고 보면서 '최대한으로 유지되는 불평등'(MMI: maximally maintained inequality)이라는 가설을 제시했다. 교육 팽창으로 늘어난 고등 교육 기회는 노동자 계급에 앞서 상위 계급들의 자식들로 채워지기 때문에 그러한 상위 계급 자식들이 모두 고등 교육을 받아서 포화 상태에 이르지 않는 한 늘어나는 고등 교육 기회는 계급 간 불평등을 줄이지 못한다는 논의이다.
17) 근대화 이론 혹은 Erikson & Goldthorpe(1992)가 자신들의 책에서 '산업화의 자유주의 이론'(liberal theory of industrialism)이라고 명명한 이론이 사회이동에 관해 어떤 예측들을 하는지는 그들의 책 1장을 참고하면 된다.
18) Treiman & Yip(1989).
19) Featherman, Jones, & Hauser(1975).
20) Ganzeboom, Luijkx, & Treiman(1989)이 대표적인 예이다.
21) Erikson & Goldthorpe(1992); Ishida(1993).
22) Erikson & Goldthorpe(1992).
23) Breen et al.(2009).
24) Barone & Ruggera(2018: 21).
25) Alvaredo et al.,(2013); Piketty & Saez(2014).
26) Pfeffer & Hertel(2015).

27) 예를 들어, Mitnik, Cumberworth, & Grusky(2016).
28) Breen & Jonsson(2005); Ishida, Műller, & Ridge(1995).
29) Goldthorpe(2014); Pfeffer & Hertel(2015); Hout & DiPrete(2006).
30) Chung & Park(2019).
31) 특히 Pfeffer & Hertel(2015)가 좋은 참고 문헌이 된다. 한국어 논문으로는 앞서 소개한 정인관·최성수·황선재·최율(2020)의 리뷰 논문을 참조할 수 있다. 이 논문에서 저자들은 계층화의 삼각형 모형에 따라 기존의 연구 결과를 정리·논의한다.
32) Gil-Hernández, Marqués-Perales, & Fachelli(2017); Torche & Reibeiro (2010).
33) Bourdieu & Passeron(1977).
34) 경로 B에 관한 자세한 논의와 경험적 연구 결과들은 현재 이 책이 속한 시리즈의 제2권 [부모의 사회경제적 지위와 자녀의 교육결과: 한국에서 교육 불평등은 심화되었는가?]를 참조하기 바란다.
35) Schofer & Meyer(2005).
36) Mare(1981: 74).
37) 경로 C에 관한 자세한 논의와 경험적 연구 결과들은 현재 이 책이 속한 시리즈의 제3권 [교육 프리미엄: 한국에서 대학교육의 노동시장 가치는 하락했는가?]를 참조하기 바란다.
38) 교육 체계의 표준화란 학교 교과 과정과 교수법 등, 교육의 질이 학교마다 얼마나 일괄적이고 표준화되어 있는지를 말하고, 계층화란 학생들이 얼마나 커리큘럼이나 졸업 후 진로 등에서 차이가 나는 다른 유형의 학교로 분리되는지를 말한다(Buchmann & Park 2009). 한국의 고등학교 체제는 표준화 정도는 높고 계층화 정도는 비교적 낮다고 할 수 있다. 국가 차원의 교과 과정, 표준화된 대학입시, 국가가 깊숙이 개입하는 교사 양성과 충원 제도는 한국의 고등학교 체제가 높은 표준화를 이루었음을 드러내준다. 한국의 고등학교가 일반계와 전문계로 나뉜다는 측면에서 어느 정도 계층화가 진행되었다고 할 수 있다.
39) Collins(1979); Smith(1986).
40) 경로 분석 모형이 사회 계층론에서 어떻게 사용되는지 구체적인 예를 통해 이해하기 위해서는 Blau & Dunan(1967)의 책 The American Occupational Structure 5장을 참고하면 된다.
41) 아버지 직업 지위와 아들 직업 지위 간의 상관계수가 각각의 경로로 어떻게 분해되며 그 분해된 경로의 연관성을 어떻게 계산하는지, 그래서 56%라는 수치가 어떻게 나올 수 있는지는 저자에게 문의를 하면 답변 드리겠다. 더불어 86.9% 수치가 어떻게 나오는지에 관한 자세한 설명도 보낼 용의가 있다.
42) Hout & DiPreter(2006).
43) Hout(1988); Torche(2011).
44) Torche(2011).
45) Chung & Park(2019).
46) Gil-Hernández, Marqués-Perales, & Fachelli(2017).
47) Torche & Ribeiro(2010).

48) Park(2003).
49) Breen & Jonsson(2007); Torche & Ribeiro(2010).
50) Breen & Jonsson(2007: 1781).
51) 저자들은 논문의 <표 6>에서 BIC 수치를 제시하고 있는데 이는 어떤 모형이 더 간결하게 데이터를 설명하는지 보여준다. BIC 통계치에 따르면 조건부 독립모형이 가장 간결하다.
52) 계봉오 · 황선재(2016)의 연구가 사용한 원 자료인 교육과 사회이동 자료를 수집하고 분석한 보고서의 연구자들 역시 세 개 출생 코호트(1943–55년, 1956–65년, 1966–1975년) 간의 세대 간 사회 이동을 비교했다(박병영 · 김미란 · 김기헌 · 류기락 2010). 이 연구에 따르면 계봉오·황선재(2016)의 연구와 비슷하게 세 개 남성 코호트 간에 상대적 세대 간 사회 이동이 그다지 다르지 않았다.
53) 정인관 · 최성수 · 황선재 · 최율(2020) 역시 2000년도 이후에 나온 연구 결과들을 정리하면서 비슷한 결론을 짓는다.
54) 조선일보(2017년 9월 25일): "'개천의 용' 사라지고 '금수저론' 현실로... 계층이동 13년새 절반으로 감소" https://biz.chosun.com/site/data/html_dir/2017/09/25/2017092501141.html; YTN(2017년 9월 25일): "'개천에서 용 난다'는 옛말... 계층 이동 2배 이상 감소" https://www.ytn.co.kr/_ln/0102_201709250845321732

제 3 장

1) Chung & Park(2019)이라고 해야 맞겠지만, 편의상 이제부터는 정인관 · 박현준(2019)으로 표기하겠다.
2) 앞서 소개한 한국의 세대 간 사회이동 연구들이 사용한 자료들을 소개하면 차종천(2002)은 한국 사회 불평등과 공정성 자료(1990, 1995, 2000년), 장상수(1998)와 Park(2003)은 1990년 한국 사회 불평등과 공정성 자료, 계봉오 · 황선재(2016)는 교육과 사회이동 조사를 사용하였다.
3) 각 코호트의 샘플 크기는 차례대로 1330명(1950–54), 1832명(1955–59), 1712명(1960–64), 1489명(1965–69), 1135명(1970–74), 1027명(1975–79), 556명이다(1980–84).
4) Park(2007).
5) 2020년 1월 16일에 아래 웹사이트에서 자료를 다운로드 받았다: http://www.index.go.kr/potal/main/EachDtlPageDetail.do?idx_cd=1572
6) 계층화의 성별 차이에 관심 있는 독자들은 이 책이 속한 시리즈의 제4권 [교육, 젠더와 사회이동: 한국사회 계층화의 성별 차이는 줄어들었는가?]를 참조하면 좋겠다.
7) EGP 계급 분류틀에 관한 자세한 설명을 위해서는 Erikson & Goldthorpe (1992)의 책 2장을 보면 된다.
8) 이 책에서 사용하는 EGP 여섯 개 계급 분류틀과 같은 분류틀을 사용한 계봉오 · 황선재(2016)의 연구와는 코호트 구성이 달라서 정확히 비교하기 어렵다. 그러나 그들의 논문 <표 2>에 제시되어 있는 코호트별 계급 분포를 살펴보

면 가장 최근 코호트인 1976-86년 출생자들을 살펴봐도 '전문직'(EGP 분류틀에서 서비스 계급이라고 불리는)의 비중이 15% 지나지 않는다. 반면에 '사무직'(EGP 분류틀에서 일상적 비육체노동자 계급이라고 불리는)의 비중은 57%나 된다. 이 분포는 이 책의 [그림 3.1]에서 가장 최근 코호트의 경우 서비스 계급이 30%, 일상적 비육체노동자 계급이 28%를 차지한다는 사실과 차이가 크다. 그러나 이 차이는 계봉오·황선재(2016)의 <표 2>는 남성과 여성을 구별하지 않고 다 같이 포함했기 때문인 것 같다(저자들은 정확히 남성과 여성을 다 같이 포함했다고 말하지는 않았지만 표가 특별히 남성이나 여성을 가리키지 않는다). 물론 계봉오·황선재(2016)의 경우 교육과 사회이동이라는 자료 하나만 사용하는 반면에 이 책은 그 자료를 포함해 다른 여러 자료들을 같이 사용하는 데에서 오는 차이도 있을 수 있다.

9) 자영업 비율이 연령이 높은 집단에서 높을 수 있다면 자료 성격상 최근 코호트로 올수록 평균적으로 연령이 낮기 때문에 자영업 계급의 축소가 실제보다 더 크게 나타났을 수 있다. 하지만 1950년대와 1960년대 코호트 가운데 연령이 30에서 44세까지인 사람들만 포함해도 추세는 비슷하게 나타난다.

10) Erikson & Goldthorpe(1992: 45).

11) 원래 일곱 개 계급을 구분한 Erikson & Goldthorpe(1992)은 농민 계급을 출신 계급에서는 최하층에 속하나 도달 계급에서는 중간층에 속한다고 보았다(p. 46). 현대 사회에서 농업이 점점 시장을 중심으로 둔 생산체계로 전환되고 기업화되는 추세를 반영해서이다. 하지만 한국 사회에서 과연 농업의 시장화나 기업화가 유럽에서만큼 일어났는지에 의문이 있다. 여기서는 한국 사회에서 시장화나 기업화가 유럽에서만큼 일어나지 않았다고 가정하고 도달 계급에서의 농민 계급 역시 최하층에 속한다고 분류하겠다. 이런 결정은 더군다나 현재 이 책에서 사용되는 여섯 개 계급 분류틀에서는 농업 노동자들이 (자영업) 농민들과 함께 농민 계급에 속하기 때문에 더 타당하다고 할 수 있다. Erikson & Goldthorpe(1992)은 농업 노동자들을 비숙련노동자 계급과 함께 최하층에 속한다고 봤다.

12) 앞서 소개한 계봉오·황선재(2016)의 연구는 상승 이동율이 그들이 비교한 네 개 코호트별로 달라지지 않았다고 보고한다: 1943-55(64.0%), 1956-65(68.9%), 1966-75(69.8%), 1976-86(67.0%)(그들의 논문 <표 3> 참조). 하지만 저자들은 수평 이동을 고려하지 않고 상승 이동과 하강 이동만을 고려하는 듯하다. 표에서 상승 이동율과 하강 이동율을 합하면 총이동율(저자들은 대신에 100-총이동율=비이동율을 제시한다)이 되어서 수평 이동이 포함되지 않음을 알 수 있다. 저자들은 "[총이동율은] 부모와 자식의 직업지위가 같은 경우("비이동"), 부모에 비해 직업지위가 높은 경우("상승이동"), 마지막으로 부모보다 자식의 직업지위가 낮은 경우("하강이동")로 나뉘어져 있다"(p. 15)라고 하는데 직업지위를 어떻게 구분하는지 설명이 없어서 직업지위가 같거나, 높거나, 낮은 경우가 어떤 경우인지 알 수 없는 문제가 있다. 현재 이 책에서 상승 이동이나 하강 이동과 구분해서 살펴보는 수평 이동이 저자들이 말하는 비이동에 들어가는지 여부 또한 불분명하다.

13) 자세한 분석과 설명을 제공하고 있지는 않지만 박병영·김미란·김기헌·류기락(2010) 역시 교육을 통한 농민층의 계층 상승 가능성을 주목했다.

14) 정인관 · 박현준(2019); Erikson & Goldthorpe(1992).
15) Hout(2019)는 미국의 세대 간 사회이동에 이 방법론을 적용한 바 있다.
16) 여기서 자세히 설명하지는 않겠지만 사용한 자료 중에서 2009 한국일반사회조사(KGSS)는 1988 국제표준직업분류의 네 자리 분류를 따랐고 나머지 자료는 대략 세 자리 분류법과 일치한다. 한국일반사회조사와 동아시아 사회조사(EASS)는 국제표준직업분류의 직업 분류를 사용했고 한국노동패널조사(KLIPS)와 교육과 사회이동 조사(EMS)는 한국의 5차 표준직업분류를 사용했다. 그러나 한국의 5차 표준직업분류와 1988년 국제표준직업분류는 번호 체계만 다를 뿐 상호 비교하는 데 큰 문제점이 없다. 사용한 자료 중에서 한국 사회 불평등과 공정성 자료는 Ganzeboom & Treiman이 제공하는 직업 지위 지수를 부여하기에는 직업 분류가 국제표준직업분류를 따르지 않아서 불가능하다. 물론 이 자료부터 EGP 계급 구분은 가능하다. 따라서 여기서 시도되는 분석에서는 한국 사회 불평등과 공정성 자료에 담긴 샘플은 제외된다.
17) 모형의 적합도를 비교하는데 여러 통계치들을 사용할 수 있는데 그 중의 하나가 BIC이다. 기본적으로 BIC 통계치가 가장 작은 음수 값(즉, 절대값은 가장 큰 음수값)을 가질수록 선호되는 모형이다. 통계치에 대한 자세한 설명은 Raftery(1995)를 참조할 수 있다.
18) 출신 계급을 O, 도달 계급을 D, 코호트를 C라고 표기하면 이 모형은 결국 OC, DC, OD라고 표기될 수 있다. OC는 출신 계급의 분포가 코호트마다 다르고 DC는 도달 계급의 분포가 코호트마다 다르다는 것을 가리킨다. OD가 의미하는 것은 출신 계급과 도달 계급 간에 연관성이 있지만 이 연관성이 코호트에 따라 다르지 않고 동일하다는 것을 의미한다.
19) 출신 계급과 도달 계급 간의 연관성이 코호트마다 다르다는 모형은 결국 각각의 코호트마다 연관성을 추정하는 것과 동일하다. 이런 모형은 OC, DC, ODC로 표기될 수 있는데 이는 결국 모든 모수를 다 사용하는 포화모형이 된다. 그래서 이 포화모형보다는 좀 더 간결하게 출신 계급과 도달 계급 간의 연관성이 코호트마다 어떻게 일관되게 다른지를 모델화해서 연관성이 동일하다는 모형과 또 연관성이 매 코호트마다 무조건 다르다고 가정하는 모형과 비교한다.
20) 예를 들어, Xie(1992)를 참조할 수 있다.
21) 다시 말해, 이 모형은 앞서 미주 19에서 설명한 출신 계급과 도달 계급 간의 연관성이 코호트마다 완전히 다르다는 포화모형(OC DC ODC)보다는 간결하다. 물론 기준이 되는 코호트의 연관성을 항상 1이라고 설정할 필요는 없다. 다만 다른 코호트와 비교하기 쉽게 기준이 되는 코호트의 연관성을 1로 설정한다.
22) 어떤 모형이 자료에 더 적합한지 판별하는 데 있어서 BIC 통계치 말고도 deviance 값이 모수를 몇 개 더 사용할 때 통계적으로 유의미한 정도만큼 줄어드는지 파악하는 방법도 있다. 정인관 · 박현준(2019)의 결과표에 따르면 변하지 않는 상대적 이동을 가정하는 모형이 대수승법층효과 모형보다 BIC 값이 작다. 이는 상대적 이동이 변하지 않다고 가정하는 모형이 자료를 더 간결하게 설명한다는 것을 의미한다. 하지만 선형적인 변화를 가정하는 대수승법층효과 모형은 변하지 않는 상대적 이동을 가정하는 모형에 비해 모수를 하나

더 사용해서 통계적으로 유의미한 차이를 낳을 정도로 자료에 더 적합하다.

23) Park(2010).

24) Breen(2010a); Pfeffer & Hertel(2015).

25) 한국 교육의 발전 과정에 대해서는 이 책이 포함되어 있는 시리즈의 제2권 [부모의 사회경제적 지위와 자녀의 교육 결과: 한국에서 교육불평등은 심화되었는가?]에서 더 자세한 설명을 찾을 수 있다. 또한 Hannum, Ishida, Park, & Tam(2019) 논문을 참조할 수 있다.

26) 장상수 2000; 최성수 · 이수빈 2018; Hannuam et al. 2019; Park 2004, 2007.

27) 세 개 출생 코호트를 비교하는 박병영 · 김미란 · 김기헌 · 류기락(2010)은 각각의 코호트마다 출신 계급과 도달 계급, 교육 간의 삼차원 상호작용을 살펴봤다. 남성의 경우 코호트마다 완전히 일치하는 결론은 아니지만 대략적으로 출신 계급과 도달 계급 간의 연관성이 교육 수준에 따라 다르지 않다고 결론지었다. 정인관 · 박현준(2019)의 연구와는 달리 이 연구는 코호트마다 교육 수준을 달리 하고 또 사용하는 자료와 비교하는 코호트도 달라서 정확히 두 연구 결과를 비교하기 어렵다.

제 4 장

1) Hauser(1984).

2) 출신 계급을 O, 도달 계급을 D, 국가를 N이라고 표현할 때 출신 계급과 도달 계급 간의 연관성이 네 개 국가 간에 동일하다는 모형은 ON, DN, OD로 표시될 수 있는데 BIC=−898 값을 보여 준다. 반면이 대수승법층효과 모형은 국가 간 상대적 이동의 동질성을 가정하는 모형에 비해 다섯 개 모수를 더 사용하는데 BIC=−915 값을 보여 준다.

제 5 장

1) McLanahan(2004).

2) Gerber & Cheung(2008).

3) 계봉오 · 황선재(2016); 신광영 · 조은(1994); 이경희 · 민인식(2016); 박병영 · 김미란 · 김기헌 · 류기락(2010).

4) Smits, Ultee, & Lammers(1998); Smits & Park(2009).

5) 박현준 · 김경근(2011, 2012).

▌참고문헌

계봉오 · 황선재. 2016. “한국의 세대간 사회이동: 출생 코호트 및 성별 비교.” 『한국인구학』 39(1): 1－28.

김영미. 2016. “계층화된 젊음: 일, 가족형성에 나타나는 청년기 기회불평등” 『사회과학논집』 47(2): 27－52.

김희삼. 2015. “사회이동성 복원을 위한 교육정책의 방향.” 『KDI Focus』 54: 1－8.

박병영 · 김미란 · 김기헌 · 류기락. 2010. 『교육과 사회계층이동 조사 연구(III): 교육계층화와 사회이동 추이 분석』. 한국교육개발원.

박현준 · 김경근. 2011. “한국 사회의 교육적 동질혼: 시계열 추세 및 그 함의.” 『교육사회학연구』 21(3): 51－76.

______. 2012. “한국 사회의 교육적 동질혼 분석: 1966－2010.” 『교육사회학연구』 22(4): 113－139.

성명재. 2009. “소득분배 동향 고찰.” 『재정포럼』 (10월호) 160: 27－50.

신광영. 1994. “세대간 계급이동.” 『경제와 사회』 23: 82－116.

______. 조은. 1998. “성과 계급이동.” 『한국사회학』 32(겨울호): 715－735.

신동균. 2007. “외환위기 이후 소득분배 양극화의 추이, 원인, 및 정책적 시사점.” 『경제학연구』 55(4): 503－547.

신우진 · 서환주 · 김준일. 2015. “2000년 이후 한국의 기회불평등 추이.” 『국제경제연구』 21(4): 83－108.

여유진. 2008. “한국에서의 교육을 통한 사회이동 경향에 대한 연구.” 『보건사회연구』 28(2): 53－80.

여유진 · 정해식. 2015. 『사회통합 실태진단 및 대응방안 II－사회통합과 사회이동』. 한국보건사회연구원.
이경희 · 민인식. 2016. 『직업 및 소득 계층의 세대 간 이전에 관한 연구』. 한국노동연구원.
이진영. 2017. “자녀의 학력이 부자간 소득계층 대물림에 미치는 영향.” 『노동경제논집』 40(3): 1－29.
오성재 · 주병기. 2017. “한국의 소득기회불평등에 대한 연구.” 『재정학연구』 10(3): 1－30.
장상수. 1998. “한국사회의 계급이동.” 『한국사회학』 32(여름호): 367－393.
______. 2000. “교육 기회의 불평등: 가족 배경이 학력 성취에 미치는 영향.” 『한국사회학』 34(가을호): 671－708.
______. 2008. “청년층의 학교－직장 이행.” 『한국사회학』 42(6): 106－139.
정인관 · 최성수 · 황선재 · 최율. 2020. “한국의 세대 간 사회이동과 교육불평등: 2000년대 이후 경험적 연구에 대한 종합적 검토.” 『경제와 사회』 127: 12－59.
조귀동. 2020. 『세습 중상층 사회: 90년대생이 경험하는 불평등은 어떻게 다른가』. 생각의 힘.
차종천. 2002. “최근 한국사회의 사회이동 추세: 1990－2000.” 『한국사회학』 36(2): 1－22.
최성수 · 이수빈. 2018. “한국에서 교육 기회는 점점 더 불평등해져 왔는가?” 『한국사회학』 52(4): 77－113.
통계청. 1995. 『통계로 본 한국의 발자취』. 통계청.
한준. 2016. “한국의 사회이동: 현황과 배경.” 『현상과 인식』 40(4): 45－74.
홍민기. 2017. “소득불평등: 현황과 대책.” 『월간 노동리뷰』 5월호 11－15.

Alvaredo, Facundo, Anthony B. Atkinson, Thomas Piketty, and Emmanuel Saez. 2013. “The Top 1 Percent in International and

Historical Perspective." *Journal of Economic Perspectives* 27(3): 3–20.

Barone, Carlo and Lucia Ruggera. 2018. "Educational Equalization Stalled? Trends in Inequality of Educational Opportunity between 1930 and 1980 across 26 European Nations." *European Societies* 20(1): 1–25.

Beller, Emily. 2009. "Bring Intergenerational Social Mobility Research into the Twenty–First Century: Why Mothers Matter." *American Sociological Review* 74(4): 507–528.

Blau, Peter and Otis Dudley Duncan. 1967. *The American Occupational Structure*. New York: Wiley.

Bourdieu, Pierre, and Jean Claude Passeron. 1997. *Reproduction in Education, Society, and Culture.* London: Sage.

Breen, Richard (eds.) 2004. *Social Mobility in Europe.* Oxford: Oxford University Press.

______. 2010a. "Social Mobility and Equality of Opportunity: Geary Lecture Spring 2010." *The Economic and Social Review* 41(4): 413–428.

______. 2010b. "Educational Expansion and Social Mobility in the 20th Century." *Social Forces* 89(2): 365–388.

Breen, Richard and Jan O. Jonsson. 2005. "Inequality of Opportunity in Comparative Perspective: Recent Research on Educational Attainment and Social Mobility." *Annual Review of Sociology* 31: 223–243.

Breen, Richard and Jan O. Jonsson. 2007. "Explaining Change in Social Fluidity: Educational Equalization and Educational Expansion in Twentieth–Century Sweden." *American Journal of Sociology* 112(6): 1175–1810.

Breen, Richard and Ruud Luijkx. 2004. "Conclusions." pp. 383–410 in R. Breen and R. Luijkx (eds.), *Social Mobility in Europe.*

Oxford: Oxford University Press.

Breen, Richard, Carina Mood, and Jan O. Jonsson. 2015. "How Much Scope for a Mobility Paradox? The Relationship between Social and Income Mobility in Sweden." *Sociological Science* 3: 39-60.

Buchmann, Claudia and Hyunjoon Park. 2009. "Stratification and the Formation of Expectations in Highly Differentiated Educational Systems." *Research in Social Stratification and Mobility* 27(4): 245-267.

Chetty, Raj, Nathaniel Hendren, Patrick Kline, Emmanuel Saez, and Nicholas Turner. 2014. "Is the United States Still a land of Opportunity? Recent Trends in Intergenerational Mobility." NBER Working Paper Series 19844.

Choi, Jaesung and Hannah Bae. 2020. "Changes in Early Labor Market Outcomes among Young College Graduates in South Korea." *The ANNALS of the American Academy of Political and Social Science* 688(1): 115-136.

Chung, Inkwan and Hyunjoon Park. 2019. "Educational Expansion and Trends in Intergenerational Social Mobility among Korean Men." *Social Science Research*. Article# 102307 (1-15).

Collins, Randall. 1979. *The Credential Society: An Historical Sociology of Educaton and Stratification*. New York: Academic.

DiPrete, Thomas A. 2020. "The Impact of Inequality on Intergenerational Mobility." *Annual Review of Sociology* 46: 379-398.

Erikson, Robert, and John H. Goldthorpe. 1992. *The Constant Flux: A Study of Class Mobility in Industrial Societies*. Oxford: Clarendon Press.

Featherman, David L., and Robert M. Hauser 1978. *Opportunity and Change*. New York: Academic Press.

Featherman, David L., Lancaster Jones, and Robert M. Hauser. 1975. "Assumption of Social Mobility Research in the U.S.: The Case of

Occupational Status." *Social Science Research* 4: 329–360.

Ganzeboom, Harry B. G., Ruud Luijkx, and Donald J. Treiman. 1989. "Intergenerational Class Mobility in Comparative Perspective." *Research in Social Stratification and Mobility* 8:3–84.

Ganzeboom, Harry B. G., and Donald J. Treiman. 1996. "Internationally Comparable Measures of Occupational Status for the 1988 International Standard Classification of Occupation." *Social Science Research* 25: 201–239.

Gerber, Theodore P., and Sin Yi Cheung. 2008. "Horizontal Stratification in Postsecondary Education: Forms, Explanations, and Implications." *Annual Review of Sociology* 34: 299–318.

Gerber, Theodore P., and Michael Hout. 2004. "Tightening Up: Declining Class Mobility during Russia's Market Transition." *American Sociological Review* 69(5): 677–703.

Gil–Hernández, Carlos J., Ildefonso Marqués–Perales, and Sandra Fachelli. 2017. "Intergenerational Social Mobility in Spain between 1956 and 2011: The Role of Educational Expansion and Economic Modernisation in a Late Industrialized Country." *Research in Social Stratification and Mobility* 51: 14–27.

Goldthorpe, John H. 2014. "The Role of Education in Intergenerational Social Mobility: Problems from Empirical Research in Sociology and Some Theoretical Pointers from Economics." *Rationality and Society* 26(3): 265–289.

Hannum, Emily, Hiroshi Ishida, Hyunjoon Park, and Tony Tam. 2019. "Education in East Asian Societies: Postwar Expansion and the Evolution of Inequality." *Annual Review of Sociology* 45: 625–647.

Hauser, Robert M. 1984. "Vertical Class Mobility in England, France, and Sweden." *Acta Sociologica.* 27(2): 87–110.

Hertel, Florian and Olaf Groh–Samberg. 2019. "The Relation

between Inequality and Intergenerational Class Mobility in 39 Countries." *American Sociological Review* 84(6): 1099–1133.

Hout, Michael. 1983. *Mobility Tables.* Newbury Park, CA: SAGE Publications, Inc.

______. 1988. "More Universalism, Less Structural Mobility: The American Occupational Structure in the 1980s." *American Journal of Sociology* 93(6): 1358–1400.

______. 2018. "Americans' Occupational Status Reflects the Status of Both of Their Parents." *Proceeding of the National Academy of Sciences of the United States of America* 115(38): 9527–9532.

______. 2019. "Social Mobility." *Pathways* [Special Issue: State of the Union – Millennial Dilemma] 29–32.

______. and Thomas A. DiPrete. 2006. "What We Have Learned: RC28's Contributions to Knowledge about Social Stratification." *Research in Social Stratification and Mobility* 24: 1–20.

Ishida, Hiroshi. 1993. *Social Mobility in Contemporary Japan: Educational Credentials, Class, and the Labour Market in a Cross–national Perspective.* Macmillan Press and Stanford University Press

Ishida, Hiroshi, Walter Műller, and John M. Ridge. 1995. "Class Origin, Class Destination, and Education: A Cross–national Study of Industrial Nations." *American Journal of Sociology* 101(6): 145–193.

Jonsson, Jan O., David B. Grusky, Matthew Di Carlo, Reinhard Pollak, Mary C. Brinton. 2009. "Micro–Class Mobility: Social Reproduction in Four Countries." *American Journal of Sociology* 114(4): 977–1036.

Mare, Robert D. 1981. "Change and Stability in Educational Stratification." *American Sociological Review* 46(1): 72–87.

Marshall, Gordon, Adam Swift, and Stephen Roberts. 1997. *Against the Odds?: Social Class and Social Justice in Industrial Societies.* New York: Oxford University Press.

McLanahan, Sara. 2004. "Diverging Destinies: How Children Are Faring under the Second Demographic Transition." *Demography* 41(4): 607– 627.

Mitnik, Pablo A., Erin Cumberworth, and David. B Grusky. 2016. "Social Mobility in a High–Inequality Regim." *The ANNALS of the American Academy of Political and Social Science* 663(1): 140–184.

OECD. 2016. *Education at a Glance 2016: OECD Indicators.* Paris: OECD.

Park, Hyunjoon. 2003. "Intergenerational Social Mobility among Korean Men in Comparative Perspective." *Research in Social Stratification and Mobility* 20: 227–253.

______. 2004. "Educational Expansion and Inequality in Korea." *Research in Sociology of Education* 14: 33–58.

______. 2007. "South Korea: Educational Expansion and Inequality of Opportunity for Higher Education." Pp. 87–112 in Y. Shavit, R. Arum, and A. Gamoran (eds.), *Stratification in Higher Education: A Comparative Study.* Stanford, CA: Stanford University Press.

______. 2010. "The Stability of Self–Employment: A Comparison between Japan and Korea." *International Sociology* 25(1): 98–122.

Pfeffer, Fabian T., and Florian R. Hertel. 2015. "How Has Educational Expansion Shaped Social Mobility Trends in the United States?" *Social Forces* 94(1): 143–180.

Piketty, Thomas. 2014. *Capital in the Twenty–First Century.* Cambridge, MA: The Belknal Press of Harvard University Press.

Piketty, Thomas and Emmanuel Saez. 2014. "Inequality in the Long Run." *Science* 344 (May 23): 838–843.

Powers, Daniel A., and Yu Xie. 2008. *Statistical Methods for Categorical Data Analysis: 2nd Edition.* London: Emerald.

Raftery, Adrian E. 1995. "Bayesian Model Selection in Social Research." *Sociological Methodology* 25: 111–163.

______. and Michael Hout. 1993. "Maximally Maintained Inequality: Expansion, Reform, and Opportunity in Irish Education." *Sociology of Education* 66(1): 41–62.

Sandefur, Gary D., and Hyunjoon Park. 2007. "Educational Expansion and Changes in Occupational Returns to Education in Korea." *Research in Social Stratification and Mobility* 25: 306–322.

Saez, Emmanuel 2017. "Income and Wealth Inequality: Evidence and Policy Implications." *Contemporary Economic Policy* 35(1): 7–25.

Schofer, Evan and John W. Meyer. 2005. "The Worldwide Expansion of Higher Education in the Twentieth Century." *American Sociological Review* 70(4): 898–920.

Shavit, Yossi and Hans–Peter Blossfeld (eds). 1993. *Persistent Inequality: Changing Educational Attainment in Thirteen Countries.* Boulder, CO: Westview Press.

Shavit, Yossi and Walter Műller (eds). 1998. F*rom School to Work: A Comparative Study of Educational Qualifications and Occupational Destinations.* Oxford: Clarendon Press.

Smith, Herbert L. 1986. "Overeducation and Underemployment: An Agnostic Review." *Sociology of Education* 59(2): 85–99.

Smits, Jeroen, Wout Ultee, and Jan Lammers. 1998. "Educational Homogamy in 65 Countries: An Explanation of Differences in Openness Using Country–Level Explanatory Variables." *American Sociological Review* 63(2): 264–285.

Smits, Jeroen and Hyunjoon Park. 2009. "Five Decades of Educational Assortative Mating in Ten East Asian Societies." *Social Forces* 88(1): 227–255.

Sobel, Michael E., Michael Hout, and Otis Dudley Duncan. 1985. "Exchange, Structure, and Symmetry in Occupational Mobility."

American Journal of Sociology 91(2): 359–372.

Torche, Florencia. 2011. "Is a College Degree Still the Great Equalizer? Intergenerational Mobility across Levels of Schooling in the United States." *American Journal of Sociology* 117(3): 763–807.

Torche, Florencia and Carlos Costa–Ribeiro. 2010. "Pathways of Change in Social Mobility: Industrialization, Education, and Growing Fluidity in Brazil." *Research in Social Stratification and Mobility* 28: 291–307.

Treiman, Donald J., and Harry B. G. Ganzeboom. 2000. "The Fourth Generation of Comparative Stratification Research." Pp. 123–150 in the *International Handbook of Sociology*, edited by Stella Quah and Arnaud Sales. London: Sage.

______, and Kam–Bor Yip. 1989. "Educational and Occupational Attainment in 21 Countries." Pp. 373–394 in *Cross–National Research in Sociology* (ed.) by Melvin L. Kohn. London: Sage.

Vallet, Louis–Andre. 2001. "Forty Years of Social Mobility in France: Change in Social Fluidity in the Light of Recent Models." *Revue Francaise de Sociologie* 42 (Supplement): 5–64.

Weeden, Kim A., and David Grusky. 2005. "The Case for a New Class Map." *American Journal of Sociology* 111(1): 141–212.

Western, Mark and Erik O. Wright. 1994. "The Permeability of Class Boundaries to Intergenerational Mobility among Men in the United States, Canada, Norway, and Sweden." *American Sociological Review* 59(4): 606–629.

Wright, Erik O. 1997. *Class Counts: Comparative Studies in Class Analysis.* Cambridge: Cambridge University Press.

Xie, Yu. 1992. "The Log–Multiplicative Layer Effect Model for Comparing Mobility Tables." *American Sociological Review* 57(3): 380–395.

찾아보기

저자 약력

박현준

박현준은 미국 위스컨신대학교(University of Wisconsin–Madison)에서 사회학을 공부하고 박사학위를 받았고 현재 유펜대학교(University of Pennsylvania) 사회학과에서 교수로 일하고 있다. 한국의 세대 간 사회이동과 교육 불평등, 가족 변화, 청년의 성인기 이행 등을 비교 관점에서 연구하고 있다.

한국학총서
세대 간 사회이동의 변화: 한국사회 얼마나 개방적으로 변화하였는가?

초판발행 2021년 3월 15일

지은이 박현준
펴낸이 노 현

편 집 배근하
기획/마케팅 정성혁
표지디자인 이미연
제 작 고철민·조영환

펴낸곳 ㈜ 피와이메이트
서울특별시 금천구 가산디지털2로 53 한라시그마밸리 210호(가산동)
등록 2014. 2. 12. 제2018-000080호
전 화 02)733-6771
f a x 02)736-4818
e-mail pys@pybook.co.kr
homepage www.pybook.co.kr
ISBN 979-11-6519-111-5 94370
979-11-6519-109-2(세트)

정 가 12,000원

박영스토리는 박영사와 함께하는 브랜드입니다.